John Coleman

TUDO SOBRE A MAÇONARIA

OMNIA VERITAS.

John Coleman

John Coleman é um autor britânico e antigo membro dos Serviços Secretos de Inteligência. Coleman produziu várias análises do Clube de Roma, da Fundação Giorgio Cini, da Forbes Global 2000, do Colóquio Interreligioso para a Paz, do Instituto Tavistock, da Nobreza Negra e outras organizações que se aproximam do tema da Nova Ordem Mundial.

Tudo sobre a Maçonaria

Freemasonry from A to Z

Traduzido do inglês e publicado pela Omnia Veritas Limited

© Omnia Veritas Ltd - 2023

OMNIA VERITAS®

www.omnia-veritas.com

A Maçonaria é frequentemente descrita como uma "sociedade secreta", mas os próprios Maçons acreditam que é mais correcto dizer que é uma sociedade esotérica, uma vez que alguns aspectos são privados. A formulação mais comum é que a Maçonaria no século XXI se tornou menos uma sociedade secreta e mais uma "sociedade secreta". Os aspectos privados da Maçonaria moderna são os modos de reconhecimento entre os membros e elementos particulares do ritual. Por exemplo, os maçons podem perguntar aos recém-chegados que encontram "estás na praça? ".

Numa sociedade aberta como os Estados Unidos, poder-se-ia perguntar por que razão é necessário o segredo. Descrever a Maçonaria é uma tarefa difícil. Dizer que é a maior organização fraternal do mundo com mais de três milhões de membros nos Estados Unidos, setecentos mil na Grã-Bretanha e mais um milhão em todo o mundo, e que foi objecto de cinquenta mil livros e panfletos, é apenas o começo.

Desde o seu estabelecimento oficial em 1717, a Maçonaria tem gerado mais ódio e inimizade do que qualquer outra organização secular no mundo. Tem sido alvo de ataques implacáveis por parte da Igreja Católica, a adesão foi proibida aos homens da Igreja Mórmon, do Exército de Salvação e da Igreja Metodista. É proibido em vários países.

As alegações anti-maçónicas são sempre encontradas com dificuldade porque a Maçonaria se recusa a responder aos ataques. O que é surpreendente é o enorme número de líderes mundiais, passados e presentes, que foram e são membros da Maçonaria: Rei George VI de Inglaterra, Frederico o Grande da Prússia e Rei Haakon VII da Noruega. A história dos Estados Unidos está repleta de líderes que foram Maçons, tais como George Washington, Andrew Jackson, James Polk, Theodore Roosevelt, Franklin D. Roosevelt, Harry Truman, Gerald Ford e Ronald Reagan.

A Segunda Guerra Mundial foi liderada por líderes maçónicos britânicos como Winston Churchill e o Presidente dos EUA Franklin D. Roosevelt, bem como por líderes militares americanos como os generais Omar Bradley, Mark Clark e George Marshall. É quase impossível saber onde começar ou terminar a história da influência maçónica em todos os aspectos da vida ao longo dos últimos 290 anos. Este livro é uma tentativa de reunir o que tornará relativamente fácil de explicar "o que é a alvenaria".

CAPÍTULO 1

O QUE É MAÇONARIA?

O estudo da Maçonaria é inesgotável, e muitos livros e artigos académicos foram escritos e apresentados sobre o assunto; por isso, não pretendo aventurar-me pelas auto-estradas e caminhos da Maçonaria e perder-me num labirinto de rituais e símbolos, uma vez que estes tópicos foram, de qualquer forma, cobertos em grande parte por aqueles a favor e contra a Maçonaria.

A finalidade deste trabalho é dar-lhe uma visão mais ampla do que é a maçonaria, o que representa, as suas finalidades e objectivos, e até que ponto progrediu em direcção aos seus objectivos declarados. Por esta razão, tratarei primeiro da maçonaria especulativa, aquela parte da maçonaria que trata dos assuntos espirituais da vida e da morte, o espírito humano, e depois daqueles que a controlam com uma breve explicação da maçonaria operativa.

Para detalhes de rituais e cerimónias, recorri a obras de referência maçónica como a *Real Enciclopédia Maçónica*, ou como por vezes é chamada a *Ciclopédia*. Para um relato de onde os maiores defensores da maçonaria expuseram as suas ideias, nomeadamente Albert Pike e o Dr. Mackey, bem como de livros e revistas escritas por amargos inimigos da maçonaria; homens como Abbé Barruel, Professor John Robinson, Eckert, Copin-Albancelli, e Arthur Preuss, para citar apenas alguns dos homens eruditos que são referidos pelos maçons como "os nossos implacáveis inimigos". (É estranho que os jesuítas usem exactamente a mesma expressão).

As origens da Maçonaria têm sido debatidas há mais de 150 anos. De acordo com Pike:

> "... As origens da Maçonaria são conhecidas apenas pelos maçons."

O Pike deixa-se levar por garantido. A sua afirmação pretende enganar os incautos e é bastante típica do engano praticado pela maçonaria, mais como cair nas mãos de um mágico sem saber como é que ele consegue as suas ilusões.

A origem da Maçonaria é contudo muito bem conhecida; não é segredo nem mistério. Mas também é certamente verdade que a maioria dos maçons, que nunca vão além do quarto grau, não conhecem a origem da sociedade cujos ditames seguem de forma tão servil.

O Dr. Mackey, que é reconhecido como maçoneiro e porta-voz oficial da maçonaria, admite-o prontamente. O seu principal defensor, J.F. Gould, confirma que há muito desacordo entre os próprios maçons quanto à sua origem. Isto pode ser visto no seu livro *The History of Freemasonry*. A investigação contemporânea mostra que a sua origem reside no misticismo babilónico e egípcio, associado à magia negra.

É um culto religioso, dedicado ao culto de Lúcifer. É anti-cristão e revolucionário, ainda que o seu mestre, Lúcifer, seja o símbolo da rebelião contra Deus, uma rebelião que se prolonga há milhares de anos.

O mundo deve o seu conhecimento da Maçonaria ao Professor John Robinson, um dos seus membros mais ilustres que desertou das suas fileiras, e portanto um homem a quem os Maçons livres não podem chamar mentiroso ou ignorante. O Professor Robinson ensinou na Royal Society em Edimburgo, Escócia. O seu tema: Filosofia Humana. Robinson estava profundamente envolvido em sociedades secretas, sendo a principal delas a seita bávara Illuminati de Adam Weishaupt.

Robinson era um maçon de 33º grau, ou seja, tinha alcançado o topo da ordem dos maçons de rito escocês.

Em 1796, Robinson publicou um artigo que esboçava os objectivos dos Illuminati, provando que os Illuminati eram muito próximos da maçonaria. De facto, a alvenaria foi o veículo utilizado para difundir as doutrinas revolucionárias dos Illuminati, a começar em França.

Robinson provou sem margem para dúvidas que o objectivo dos Illuminati e da maçonaria é destruir todas as religiões e governos e eliminar o cristianismo da face da terra e substituí-lo pelo culto luciferiano.

A nova ordem mundial prometida pela Maçonaria é uma ordem mundial despótica e luciferiana dentro de um governo mundial único. Um conjunto completo de planos para a próxima revolução caiu nas mãos do governo bávaro, que ficou tão profundamente alarmado que enviou cópias a todos os governos e chefes de estado na Europa, mas a sua mensagem de aviso foi completamente ignorada.

Os documentos de Weishaupt deram pormenores completos sobre a próxima Revolução Francesa. Um devoto da ordem

maçónica, o Conde de Shelburne, ensinou e treinou Danton
e Marat (os líderes radicais da Revolução Francesa) e
dirigiu todas as fases da Revolução "Francesa" a partir de
Inglaterra.

CAPÍTULO 2

AS ORIGENS DA ALVENARIA

O gnosticismo babilónico é a mãe da Maçonaria, razão pela qual a letra "G" aparece no centro da estrela de cinco pontas da Maçonaria.

Apesar das negações furiosas dos defensores da maçonaria, uma autoridade não menos importante na maçonaria, da sua mais alta ordem, Eliphas Levy disse que o famoso "G" representa o gnosticismo. No seu livro, *Dogma and Ritual of High Magic*, volume II, página 97, Levy diz:

> O "G", que os maçons colocam no meio da estrela em chamas, significa Gnosticismo e geração, as palavras mais sagradas da antiga Cabala.

De acordo com a *Enciclopédia das Religiões*, a Cabala é um antigo misticismo judeu, e o irmão Edersham é uma autoridade sobre a Cabala. Como disse antes, não quero entrar em detalhes, mas é necessário estabelecer muito brevemente o que é a Cabala.

Para este fim, cito autoritariamente o irmão Edersham:

> É inegável que mesmo no tempo de Jesus Cristo havia um corpo de doutrinas e especulações que eram cuidadosamente escondidas da multidão. Nem sequer foram revelados aos estudiosos comuns (como no caso das doutrinas superiores e dos maçons comuns) por medo de

os conduzir a ideias heréticas.

Este género foi chamado Kabbala; como o termo implica (isto é, receber e transmitir), representava as transições espirituais transmitidas desde as primeiras idades, embora misturadas com elementos impuros ou estranhos ao longo do tempo.

Esta é a mesma Tradição dos Antigos, que Jesus Cristo condenou totalmente nos termos mais fortes, como registado nos quatro Evangelhos, o registo das suas palavras durante o seu ministério terrestre.

Do acima exposto, fica claro que a maçonaria deriva de uma religião totalmente oposta ao ministério de Cristo. Segue-se, portanto, que apesar das suas veementes negações, a maçonaria é anti-cristã no seu ensino e espírito. Outros, implacavelmente contrários à maçonaria, como acima mencionado, vão ainda mais longe. Uma autoridade em Alvenaria, Copin-Albancelli, disse:

> A Maçonaria é a contra-igreja, o contra-catolicismo, a igreja da heresia.

Cita várias fontes maçónicas notáveis para apoiar a sua reivindicação, tais como Copin-Albancelli, *Bulletin du Grand Orient de France*, Setembro de 1885, que declara:

> Nós, os maçons, devemos prosseguir a demolição total das igrejas católicas.

Tive o privilégio de poder procurar documentos maçónicos no Museu Britânico em Londres para ver se esta declaração e outras que se seguem foram retiradas ou retractadas. Mas durante um período de cinco anos de investigação intensiva, não consegui descobrir nenhuma publicação maçónica que contivesse uma retracção das suas intenções destrutivas para com a Igreja Católica.

Outro exemplo citado por Copin-Albancelli é o memorando do Conselho Supremo do Grande Oriente (maçonaria europeia), que afirma

> A luta entre o catolicismo e a maçonaria é uma guerra até à morte, sem tréguas nem quartos.

Esta declaração nunca foi retractada.

Copin-Albancelli continua a dar outros exemplos, citando como fonte o discurso proferido num banquete de solstício de Verão em 1902 pelo irmão Delpek que disse, entre outras coisas:

> Os triunfos do galileu duraram vinte séculos. A Igreja Católica Romana, fundada sobre o mito Galileu (uma referência a Jesus Cristo), começou a decair rapidamente desde a fundação da Associação Maçónica? De um ponto de vista político, os maçons têm variado frequentemente. Mas a Maçonaria tem sido sempre firme neste princípio: guerra a todas as superstições, guerra a todo o fanatismo!

A informação precedente, cuja autenticidade é inquestionável, faz dos Maçons e Maçons anticristos e anti-cristãos, rejeitando os seus ensinamentos da forma mais desdenhosa como mito e superstição Galileu. O seu ódio e veneno reprimido é dirigido principalmente à Igreja Católica, mas alguns dizem que os católicos não são cristãos. Acreditem-me, se isto fosse verdade, a Maçonaria não estaria a gastar 99% do seu tempo e energia a tentar destruir a Igreja Católica. Porque é que a Maçonaria desperdiçaria tanto tempo e energia valiosos? Sejamos lógicos sobre estes assuntos.

O acima exposto não deve deixar dúvidas sobre a posição da hierarquia maçónica. Também deixa claro que a maçonaria está politicamente envolvida apesar dos seus frequentes protestos em sentido contrário. Se resumirmos as conclusões a tirar das declarações acima, só podemos chegar a um juízo: A maçonaria é essencialmente uma sociedade secreta falsa, enganadora e enganosa, na qual a maioria dos seus membros são levados por uma maré de banquetes, reuniões sociais, boas obras, boa vontade e companheirismo filantrópico. O carácter sinistro da maçonaria está completamente escondido da massa dos seus membros, ou seja, daqueles que não vão além do azul ou do quarto grau.

Segundo o sábio Dom Benoit, um estudioso sénior de maçonaria, que até os maçons reconhecem ter um grande conhecimento dos seus oráculos secretos especulativos, a maçonaria é um culto do diabo. Descrevendo as cerimónias de iniciação do 25 grau, (Cavaleiro da Serpente de Bronze) os iniciados juram trabalhar para o regresso do homem ao Jardim do Éden. O Mestre menciona a serpente como amiga do homem enquanto o nosso Deus - a quem os Maçons se referem como Adonai ou Adonay - está listado como o inimigo do homem.

Benedict diz que no grau 20, a inferência do culto luciferiano é ainda mais positiva, pois o oficial presidente diz ao iniciado:

Em nome sagrado de Lúcifer, expulsar o obscurantismo.

Obscurantismo é uma das poucas palavras-chave que fazem

qualquer maçon acima do quarto grau de espuma na boca quando mencionado na sua presença por alguém que não é maçon e, portanto, não é suposto conhecer a palavra e o seu significado.

Como já disse antes, muitos maçons que professam cristãos "uma vez conhecidos estes mistérios, pode haver qualquer margem para dúvidas, que a maçonaria é a adoração de Lúcifer e a denigração de Cristo".

Benedict tem outra acusação, mais condenatória, contra a maçonaria, que declarou o seguinte

> Quem pode ser tão crédulo a ponto de pensar que depois de tantas afirmações sérias e constantes, que os maçons respeitam todas as religiões, que a preocupação com a religião e o ódio da Igreja Católica só existe em certos graus maçónicos, nos quais se diz que Cristo é um anjo caído. Vi os emblemas de uma das Grandes Lojas, que é um cálice com a imagem do anfitrião trespassado por uma adaga, outro, o mundo com a cruz ao contrário, e ainda outro, o Coração de Jesus com o lema "Cor Ex Secranrum".

Num discurso de Albert Pike's Palladium Luciferian Rites for the Reformed Elect, Benedict declara que os iniciados são instruídos a "punir o traidor Jesus Cristo, a matar Adonai, apunhalando o anfitrião depois de se certificarem de que é um anfitrião consagrado, enquanto recitam blasfémias horríveis".

Pike nasceu em 1809 e morreu em 1891. O seu livro, *Morais e* Dogmas, confirma o seu culto a Satanás e a sua crença numa Nova Ordem Mundial. Desdenhou qualquer sistema político que não fosse um governo republicano limitado com princípios democráticos. De acordo com Pike, o poder político, a riqueza, a saúde e a longa vida deveriam ser obtidos através da adoração de Lúcifer.

O livro é muito pró-homossexualidade, com a capa mostrando uma águia de duas cabeças. É evidente que o tema central do livro é destruir a moralidade e a família. O livro condena a moralidade bíblica e a família como a pedra angular da civilização.

Agora, sei que há aqueles, mesmo os Maçons seniores, que dirão "...fomos Maçons toda a nossa vida e nunca assistimos a tal cerimónia". Claro que não! Este é o procedimento padrão na Alvenaria; apenas os escolhidos são iniciados nestes ritos. Se ainda não passou os 25 graus, não tem conhecimento destes rituais anti-Cristo infames! E deixe-me avisá-lo, que qualquer tentativa de obter a confirmação da reivindicação de Bento pela hierarquia maçónica significará que os seus dias como maçom estão contados. Depois disso, será um homem marcado, em quem não se pode confiar.

Para citar o irmão Stroether, outra autoridade reconhecida, que nunca foi desafiada pela maçonaria, simplesmente porque era um dos seus próprios, dos seus conselhos interiores, um homem que usou palavras que voltaram para assombrar os maçons:

> A maçonaria existe em França, Espanha, Portugal e América do Sul como uma organização anti-religiosa, que nos últimos anos foi transformada numa espécie de seita antitética, que não esconde o seu ódio às religiões reveladas.

O Irmão Stroether era membro dos Eleitos, um Maçon de

Alto Grau de Louisville, Kentucky, nos Estados Unidos. Pedi a alguns Maçons Superiores que comentassem as palavras de Stroether. Sem excepção, ou professaram ignorância sobre a identidade do Irmão Stroether ou negaram que ele tivesse dito algo do género. Um Maçonaria particularmente indignado, um coronel da Polícia Estadual da Carolina do Norte, disse-me: "Este tipo de comentário é o produto de uma mente doente anti-Masónica.

Mas quando o confrontei com as palavras dos seus próprios maçons, ele avisou-me que eu seria bem aconselhado a deixar a maçonaria. As palavras que o perturbaram foram as proferidas pelo infame Paul Lafargue (1842-1911) no Congresso Internacional de Maçons do Grande Oriente de 1866 em Bruxelas, Bélgica:

> Guerra contra Deus! Ódio a Deus! Em progresso é preciso esmagar o Céu, como se fosse um pedaço de papel.

Na mesma conferência, um proeminente maçon chamado Lanesman repetiu as palavras utilizadas em 1880, a saber

> Temos de esmagar o vil, mas este vil não é clericalismo, este vil é Deus.

CAPÍTULO 3

OS INIMIGOS HISTÓRICOS
DE MAÇONARIA

Pesquisei diligentemente os documentos dos quais estes extractos foram extraídos para confirmar a sua exactidão. Além disso, com o mesmo cuidado, pesquisei os registos maçónicos no Museu Britânico em Londres, procurando uma retracção ou repúdio destas blasfémias por parte dos maçons seniores; mas a minha pesquisa não trouxe provas de que estas palavras não sejam o credo da maçonaria em geral, nem que tenham sido removidas.

Um líder maçónico altamente respeitado que confirmou tudo o que foi dito até agora, incluindo a natureza anticristo da maçonaria, foi o seu sumo sacerdote, Albert Pike, co-fundador do New Palladium Reformed Rites e Sumo Pontífice da maçonaria americana. Albert Pike e Edgar Allen Poe tinham muito em comum. Ambos nasceram em Boston em 1809. Ambos eram escritores e poetas e ambos eram viciados em ópio, assim como 33 pedreiros e luciferianos.

Na *Enciclopédia Católica* lemos que Albert Pike e outro importante maçon de alta patente, Adriano Lemmi, conspiraram juntos para prejudicar a religião cristã em Itália. Pike escreveu a Lemmi como se segue:

As influências clericais em Itália devem ser arruinadas

num curto espaço de tempo, as leis contra as congregações religiosas devem ser aí observadas. E (e sobre) as escolas? A instrução católica ainda lá é dada. Fazer o povo protestar através dos alojamentos.

Por outras palavras, utilizar as pousadas maçónicas para criar "protestos" contra as escolas católicas.

O Professor John Robinson passou muitos anos a pesquisar cuidadosamente a exposição de maçonaria apresentada pelo Abbé Barruel.

Robinson afirma:

> Barruel confirma tudo o que eu disse sobre os Illuminati, a quem ele justamente chama Filosohistas, e os abusos da Maçonaria em França.

Mostra, sem margem para dúvidas, que uma conspiração formal e sistemática contra a religião foi formada e zelosamente perseguida por Voltaire, d'Alembert e Diderot, assistidos por Frederick II, Rei da Prússia, e vejo que os seus princípios e forma de proceder eram os mesmos que os dos ateus e anarquistas alemães .... Mas o seu projecto de estimação era destruir o cristianismo e toda a religião, e efectuar uma mudança total de governo.

Robinson estava a discutir o papel sem dúvida vital desempenhado pela maçonaria na Revolução Francesa, como revelou o Abbé Barruel da forma mais precisa e indiscutível. Se isto não for suficiente para os cépticos, então que se voltem para as "palavras-passe" mais importantes da maçonaria. Um deles baseia-se em Caim, a quem Cristo condenou como profeta-assassassino em Mateus 23. A palavra-chave, Tubal Cain, é uma referência muito explícita a Cain. A outra "palavra secreta" é INRI, "Igne Natura Renovatur Integra" - "Toda a natureza é renovada pelo fogo", que é usada para descrever Jesus de Nazaré. O iniciado deve "descobrir" o que isto significa, o que dá uma visão do infantilismo dos rituais em que os maçons se envolvem.

Depois o Mestre da Loja declara:

> Meus queridos irmãos, a palavra é encontrada, e todos os presentes aplaudem a descoberta, de que Aquele cuja morte consumou a religião cristã não era senão um judeu comum crucificado pelos seus crimes. É sobre o Evangelho e sobre o Filho do Homem que o Candidato deve vingar a irmandade dos Pontífices de Jeová.

Esta citação é retirada do trabalho do Abbé Barruel que trata do grau 18 do Rosacruz. Os Rosacruzes eram maçons, que fundaram a maçonaria inglesa. É justo dizer, contudo, que a grande maioria dos pedreiros ingleses nunca foi além do Quarto Grau, e negam vigorosamente que o acima referido existe. De facto, muitos maçons ingleses declararam que são cristãos devotos e que nunca participariam na blasfémia de Cristo ou da sua igreja! A maçonaria, para a maioria dos seus membros, não é mais do que uma repetição do Primeiro e Quarto Graus. Não é de admirar que tantos desistam nesta fase e não tentem ir mais longe. De acordo com o próprio Dr. Mackey, uma autoridade em Alvenaria, pró-Masonry:

> ... Estas são as explicações e o Grau Elevado é o comentário.

Há quem diga que se a maçonaria é tão má, então como é que tantos anglicanos e mesmo alguns papas eram maçons?

Concordo que milhares de líderes da Igreja Anglicana podem ser maçons, mas estes homens não são cristãos; são agentes encobertos de Lúcifer, dormentes na Igreja cuja função é destruí-la! Podemos dizer que "alguns Papas foram Maçons", quando é impossível prová-lo, embora haja uma forte suspeita de que pelo menos três Papas possam ter sido Maçons? Suspeita não é prova. Um falso rumor, iniciado entre os maçons na Alemanha, de que o Papa Pio XI era um maçon, mudou-se rapidamente para Filadélfia. Eckert, uma das principais autoridades anti-maçónicas, diz-nos que isto foi feito para evitar uma investigação de seguimento da queixa, que teria sido mais fácil de promover na Europa do que nos EUA. No entanto, a alegação foi cuidadosamente investigada por John Gilmary Shea, o homem que escreveu extensivamente sobre a vida do Papa Pio XI.

A investigação do Shea provou que Pio XI nunca foi membro da Loja de Filadélfia. De facto, tal Loja nunca existiu em Filadélfia! Preuss, outro famoso investigador de verdades maçónicas, confirma a trama como nada mais do que uma tentativa de difamar o Papa Pio XI e a Igreja Católica em geral.

Em resposta à pergunta frequentemente formulada: "O que é a alvenaria? "Não posso fazer melhor do que citar o grande estudioso e historiador maçónico Abbé Barruel... É um mal mal maligno do tipo mais vil, opinião confirmada pelo Sumo Pontífice Albert Pike, que disse:

> Os Graus Azuis nada mais são do que a porta exterior do portal do Templo. Alguns dos símbolos recebidos são os mesmos, mas o adepto é intencionalmente induzido em erro por falsas interpretações.
>
> Não se pretende que ele os compreenda, mas sim que se imagine a compreendê-los. A sua verdadeira interpretação

é reservada aos Iniciados, os Príncipes da Maçonaria.

Estas palavras aparecem em documentos sobre Pike preservados no santuário do Museu Britânico, se entretanto não tiverem sido removidos, como acontece com tantos documentos quando acabam por se tornar uma fonte de referência para os investigadores da maçonaria. Deve haver algo "malignamente errado" com uma sociedade que se esforça por enganar deliberadamente os seus próprios membros. Copin-Albancelli, o historiador maçónico já citado, afirma que a maçonaria é uma força dirigida por ocultistas e utilizada como aríete contra a religião cristã.

CAPÍTULO 4

A ENCÍCLICA MIRARI VOS DO PAPA GRÉGOIRE XVI

Nesta encíclica, o Papa Gregório decretou que a maçonaria era :

... Tudo o que tem sido mais sacrílego, mais blasfemo e mais vergonhoso nas heresias e nas seitas mais criminosas tem-se reunido na sociedade secreta maçónica como num esgoto universal.

Não admira que eu fique confuso quando as pessoas dizem "os católicos não são cristãos". Mostre-me onde diz que um líder protestante alguma vez se pronunciou tão fortemente contra a maçonaria como a Igreja Católica. Ainda não encontrei nenhum até hoje.

Isto pode ajudar a explicar o facto de Vladimir Lenine ter sido um Maçon. Preuss diz do irmão Lenine que ele pertencia a um alojamento secreto na Suíça, sob o seu verdadeiro nome, Ulianov Zederbaum, do qual ele se esforçou por derrubar a Rússia cristã, um esforço, devo acrescentar, no qual ele conseguiu, graças à ajuda maciça dos Maçons da Mesa Redonda, Lord Palmerston, Lord Milner e um anfitrião de Maçons ingleses do 33 grau. No entanto, o governo suíço chamou a este arquidemónio um "intelectual". Isto faz sentido quando se considera que durante séculos a casa da Maçonaria tem sido sempre a

Suíça. A "fraternidade" mostrou no caso de Lenine que os Maçons Livres se mantêm unidos, especialmente em empresas cujo objectivo é a destruição da religião cristã, como no caso da Rússia ortodoxa.

O facto de os maçons ingleses terem ganho milhares de milhões de dólares com o saque da Rússia foi, evidentemente, um bónus adicional. A verdadeira satisfação residiu no derrube do regime czarista e no massacre em grande escala de cristãos (certificado como 60 milhões), que se tornou um modelo a seguir na Guerra Civil espanhola (Julho de 1936-Junho de 1939). Refiro-me a Junho de 1939 como o mês em que Franco marchou em triunfo pelas ruas de Madrid, tendo esmagado por Deus e pelo país as forças luciferianas da maçonaria comunista no seu país.

Uma autoridade de renome que ainda não mencionei é Margiotta, que foi iniciada nos Ritos do Paládio e se tornou um "Príncipe da Maçonaria". Margiotta afirma que Pike exigiu que o deus da maçonaria fosse chamado Lúcifer, muito contra a vontade do seu irmão Mason, Adriano Lemmi, que queria que o deus maçónico fosse chamado Satanás.

Albert Mackey afirma que a maçonaria está aqui para estabelecer uma Nova Religião Universal. A publicação *A Cause* afirma que os Maçons devem ignorar todas as leis e autoridade em cada país, exactamente de acordo com a natureza revolucionária rebelde de Lúcifer, que se rebelou contra as leis e a autoridade de Deus. Pode portanto dizer-se que, pela sua própria confissão, a maçonaria é uma força revolucionária, existente com o objectivo de derrubar a ordem existente na Terra, tal como o seu mestre Lúcifer tentou derrubar a ordem existente do Universo! A alvenaria é uma ordem paramilitar, como as suas fileiras e símbolos, que são de natureza militar, confirmam plenamente.

Tanto Eckert como Benoit insistem que a verdadeira autoridade da maçonaria, o Comando Supremo, é de natureza inteiramente oculta, o que explica porque é que o Comando Supremo oculto se esconde atrás de uma massa de símbolos e cerimónias, que só devem ser descobertos quando se atinge o grau mais elevado da Ordem. São feitos todos os esforços para manter a identidade (mesmo uma mudança de nome) destes líderes secretos escondida dos membros comuns, de forma semelhante à utilizada pelos bolcheviques na Rússia (foi aqui que os bolcheviques mudaram o seu nome?)

O 19 grau de Maçonaria de Rito Escocês declara:

> Fazer a guerra na Cruz de Jesus Cristo. Adoptar o culto de Lúcifer ao fogo e à carne.

Estas palavras vis fazem parte das provas oferecidas na Maçonaria de Benedict, a mais notável exposição de maçonaria disponível para aqueles que procuram conhecer o verdadeiro propósito da maçonaria.

Três palavras enviam os 33 pedreiros de grau a uma fúria:

> Catolicismo, Obscurantismo e Clericalismo.

A segunda palavra é apenas uma palavra maçónica, que eles gostam de usar para descrever os ensinamentos de Cristo.

Deve obviamente ter um duplo significado para inspirar a raiva que inspira quando usado por não-maçons, pois os não-maçons devem ignorar tais palavras e os maçons

detestam ser expostos. A maçonaria é uma falsa
fraternidade, uma vez que exclui deliberadamente os pobres
e aqueles que não têm qualquer hipótese de alguma vez
alcançarem o poder político e engana deliberadamente os
seus membros da ordem inferior.

CAPÍTULO 5

ECKERT FAZ UMA PERGUNTA PERTINENTE

Eckert faz esta pergunta pertinente:

> Porque é que a Ordem exclui os pobres, que não têm valor político ou económico? É um facto bem conhecido, não negado pela própria Masonry, que procura inscrever apenas aqueles que alcançaram uma carreira comercial ou política de sucesso. O facto é que o dinheiro é a força motivadora quando se trata de acolher os recém-chegados à irmandade.

Tal hipocrisia flagrante deveria servir de aviso a todos aqueles que foram convidados a assistir a um dos templos maçónicos na sua área para uma reunião social. Esta é a forma habitual em que aqueles que a Ordem acredita poderem beneficiar financeiramente do seu recrutamento. O pedreiro pergunta "Estás na Praça", o que significa "És um pedreiro? ". O questionador sabe perfeitamente bem, a partir de um aperto de mão secreto, que a pessoa que abordou não é um maçon, mas alguém que ele pensa ser um provável candidato a membro do seu alojamento!

Para lidar com graus e rituais seria necessário um livro próprio, uma vez que existem centenas de ritos, muitos dos quais fazem fronteira com as crianças.

Há muitos bons livros dedicados exclusivamente a estes rituais, que são tediosos de ler. Segundo a Bíblia Maçónica, a *Enciclopédia da Maçonaria*, e uma obra mais recente intitulada *O Significado da Maçonaria*, de W.L. Wilmhurst, os ritos principais são os seguintes:

❖   O Rito Escocês Antigo e Aceito
❖   O rito herodiano
❖   O Antigo Rito Reformado Escocês
❖   O Rito do Grande Oriente (do qual faz parte o Rito Francês)
❖   O Rito Filosófico Escocês (amplamente utilizado na Suíça)
❖   O Ritual Eléctrico (amplamente utilizado na Alemanha)
❖   O Rito Mizraim (rito egípcio antigo)
❖   O Ritual Joanita

É interessante notar que a sede da Maçonaria Universal fica em Genebra, Suíça, sob o título de Associação Maçónica Internacional. A Suíça, como a história demonstra, sempre foi um refúgio para os revolucionários.

Uma segunda "sucursal" está localizada em Lausanne e é particularmente secreta. Ascona é o lar do Satanismo Gnóstico, da Maçonaria e do Comunismo. Lembre-se, os maçons são revolucionários, foram ensinados a ser rebeldes a todos os governos existentes, e os maçons suíços não são excepção a esta injunção maçónica.

Benoit diz sobre os rituais maçónicos:

... São longos, enfadonhos e excessivamente infantis.

Para que os seus disparates infantis não sejam descobertos

por "forasteiros", antes do início de uma reunião da Loja, é "coberto", um termo utilizado pelos Maçons para assegurar que nenhum forasteiro ou intruso esteja presente para observar e informar sobre os procedimentos.

Eckert e Copin descrevem estas acções de várias maneiras e utilizam o termo "bufonaria incrível" para as descrever. O propósito de todas estas artimanhas, diz Copin, que envolvem senhas secretas desconhecidas de estranhos, e Hiram, (Hiram Abiff, Rei de Tiro) alegadamente o construtor do Templo de Salomão, que foi assassinado, é enganar a autoridade secular, fazendo-a acreditar que a maçonaria é uma sociedade benevolente dedicada aos banquetes, angariando dinheiro para os pobres, e geralmente fazendo o bem à comunidade! Copin diz que no ritual da Câmara do Meio, no qual um Mestre nunca entra, os membros devem caminhar e contra-marcharcar "como os rapazes da escola".

Eckert continua:

> ... Vemos o ritual como uma apresentação teatral demasiado séria para ser uma brincadeira, demasiado rebuscada para ser séria.

No entanto, é grave. O objectivo é eliminar quaisquer membros que rapidamente demonstrem não ter qualquer desejo de progredir para além deste ponto, aqueles que seguem o ritual de forma servil. O Hiram, é claro, é o centro das atenções. Para eles, a escada que têm de subir não os leva a mais loucuras, mas sim a uma posição mais elevada e mais digna de confiança na alvenaria. É interessante notar alguns dos títulos a que os entusiastas talvez um dia possam aspirar:

- ❖ 5 graus: O mestre perfeito
- ❖ 11 Grau: O Sublime Escolhido dos Doze do Príncipe Ameth
- ❖ 16 Grau: O Príncipe de Jerusalém
- ❖ 19 Grau: O Grande Pontífice
- ❖ 28 Grau: O Cavaleiro do Sol ou Príncipe Adepto
- ❖ 31 Grau: O Grande Inspector Comandante Inquisidor
- ❖ 32 Grau: O Príncipe Sublime do Segredo Real
- ❖ 33 Grau: O Sumo Pontífice da Alvenaria Universal

Estou particularmente interessado no rito herodiano. Porque haveria alguém de querer adorar um assassino como o rei Herodes, que matou milhares de recém-nascidos quando os magos lhe trouxeram a alarmante notícia do nascimento de Cristo? A única razão que me ocorre é que Herodes tentou assassinar a Criança Cristo e que os Maçons são uma ordem anti-Cristo.

Mas é aos príncipes da maçonaria, aqueles que atingiram o grau 33, que a verdadeira face da maçonaria é revelada. Adriano Lemmi, tal Príncipe, revelou-o na sua explosão de ódio contra a família e a igreja na sua carta a Margiotta:

> Sim, sim, o padrão do Rei do Inferno está em marcha... e deve lutar hoje, mais energicamente e abertamente do que nunca, contra todos os dispositivos de reacção clerical.

Aqueles que executam servilmente os jogos infantis da maçonaria e seguem à letra todas as ordens cerimoniais sem faltar nada, são conhecidos como "Maçons Brilhantes", que está dois passos acima dos chamados "Maçons de Faca e Garfo", que vivem apenas para as muitas festas e banquetes desfrutadas pelos maçons, enquanto aqueles que não são qualificados para um grau superior são chamados "Maçons

Enferrujados". Benedito diz que estes últimos também são conhecidos como "Maçons papagaio", porque conhecem as lições, mas não o seu significado. Não há absolutamente nenhuma igualdade nas Lojas, o que desmente os protestos dos maçons de que todos são iguais, e que "liberdade, igualdade e fraternidade" é a pedra angular sobre a qual a maçonaria está construída.

Pike escreve que a adoração de Lúcifer é conhecida apenas por aqueles que atingiram o último grau. Lord Christopher Soames, o traidor zimbabueano, é uma dessas pessoas, tal como Lord Carrington, o antigo Secretário-Geral da OTAN. (Há muitos no Congresso dos EUA que partilham as opiniões de Lord Soames e Lord Carrington. Aquele que rapidamente vem à mente é o Senador Trent Lott, um 33 grau Mason). Copin, Benoit e Eckert lembram-nos todos que a palavra-chave INRI, que expliquei anteriormente, é uma palavra anti-Cristo. Pergunto-me como o Senador Lott e outros como ele que professam o Cristianismo poderão conciliar isto com a sua consciência.

O que é o culto luciferiano? Precisamos de ser claros sobre este ponto para compreender os Ritos do Paládio de Pike, e o que os Príncipes da Maçonaria realmente seguem, enquanto professam ser cristãos, como no caso de muitos membros da hierarquia da Igreja Anglicana, as aristocracias da Europa, para não mencionar o Estabelecimento Liberal da Costa Leste dos Estados Unidos e muitos membros do Congresso! Como Albert Pike explica, o culto luciferiano é um credo que ensina que Lúcifer era o mais brilhante dos três anjos colocados à direita de Deus, um super ser com inteligência e capacidades superiores. O seu poder era tão grande que ele foi capaz de desafiar Deus e tomar conta do universo.

Seguiu-se uma poderosa batalha com São Miguel, o anjo guerreiro de Deus (que os maçons consideram ser irmão de Lúcifer), que derrotou Lúcifer e o expulsou da presença de Deus.

Jesus Cristo refere-se a ela nos Evangelhos. Lúcifer foi banido para o inferno, que é descrito como um lugar real no universo. Lúcifer levou consigo muitos dos principais anjos da hierarquia celestial, que estavam preparados para desertar com ele. De acordo com o credo luciferiano, Deus deu a estes anjos outra oportunidade de se arrependerem, pois Ele considerou que tinham sido enganados pelo enganoso mestre, Lúcifer.

Foi com este propósito que Deus criou o nosso planeta e que aos anjos que foram enganados e não se rebelaram abertamente foram dados corpos à imagem de Deus e foram autorizados a habitar a Terra. Estes seres foram cheios do sopro, espírito e luz de Deus, e foram santificados por Deus. Não eram diferentes das pessoas comuns, excepto que não tinham conhecimento da sua vida anterior no Céu. Mas receberam inspirações da sua palavra para os apoiar no seu plano e retiveram um livre arbítrio. As suas mentes foram utilizadas para decidir de onde vinham as inspirações e traduzi-las em actos corporais, que são sempre positivos ou negativos - sem meio-termo. Estes actos são registados num livro conhecido como o Livro da Vida mencionado em Revelações.

Através das suas acções no domínio físico, estes seres de origem celestial decidem o seu próprio futuro, ou seja, podem aceitar o plano de Lúcifer, ou o plano de Deus para governar o universo. Poder-se-ia dizer que isto é quase como o que a Bíblia cristã ensina, mas não é bem assim.

De repente aparece Satanás, trazido por Lúcifer, como o Príncipe do Mundo (Note-se que o uso da palavra "Príncipe" também é usado pelos Maçons) na altura da criação do mundo. A tarefa de Satanás era conseguir que os primeiros pais se afastassem de Deus e se juntassem a Lúcifer, estragando assim o seu plano.

Deus, diz Pike, caminhou no Jardim do Éden com o seu primeiro filho, mas não o instruiu sobre os prazeres do sexo, porque ele é um Deus ciumento e egoísta. Como ensina a Ordem Inferior dos Ritos Paládios, Deus fez isto porque este prazer lhe pertencia e não devia ser partilhado até que as crianças tivessem provado a sua obediência, integridade e absoluta honestidade. Só então lhes seria dada como recompensa.

Então, diz Pike, Satanás tomou o assunto nas suas próprias mãos e, a pedido de Lúcifer, introduziu Eva aos prazeres do sexo, que Deus tinha reservado para a procriação e que ele tinha simplesmente adiado aos primeiros pais até que estivessem prontos. Satanás disse a Eva que ela seria igual em poder, como Adão, a Deus, e que nunca teria de passar pela morte. Satanás introduziu Eva ao que gostamos de chamar "conhecimento carnal", um termo que é completamente enganador.

Assim foi introduzido o ideal luciferiano de amor livre e sexo livre, em oposição ao plano divino de sexo dentro dos limites do casamento de um homem e uma mulher com o propósito de gerar filhos, baseado num desejo espiritual de estabelecer o Reino de Deus na Terra.

A explicação de Pike sobre a Missa Negra mostra como Eva foi corrompida, e em vez de o sexo ser um acto pessoal e privado de amor físico e espiritual, tornou-se uma exibição pública de sexo aberta a todos, que é a essência da bruxaria nos dias de hoje. É justo dizer que dadas as condições que prevalecem hoje em dia na Terra no domínio sexual, Satanás está a ganhar a batalha, ainda que temporariamente, até que seja solidamente derrotado por Jesus Cristo. Daí o ódio incessante a Cristo professado pelos Maçons Livres!

CAPÍTULO 6

A UTILIZAÇÃO DA BÍBLIA CRISTÃ EM TEMPLOS MAÇÓNICOS

Preuss e a *Enciclopédia Católica* confirmam o uso da Bíblia e da Cruz nos templos maçónicos. Muitos maçons de ordem inferior têm desafiado a afirmação feita de tempos a tempos de que a maçonaria é um culto luciferiano. Dizem: "Uma vez que exibimos a Bíblia e a Cruz, como pode isto ser? ". Isto faz parte do plano de engano da Masonry. A Bíblia só existe para ser ridicularizada na ordem superior, tal como a Cruz, que na realidade é pisada, enquanto as profanidades mais vis são proferidas contra ela.

Eckert confirma que a Cruz e a Bíblia estão expostas para os fazer descer ao nível de outros "livros" religiosos de pouca importância. No grau 30 do Rito Escocês, o iniciado deve pisar a Cruz, enquanto o Cavaleiro Kadosh lhe diz: "Trampa sobre esta imagem de superstição! Esmaga-o! "Se o iniciado não o fizer, ele é aplaudido, mas os segredos do grau 30 não lhe são transmitidos. Se ele pisar a Cruz, é recebido na ordem dos Cavaleiros Kadosh, e instruído a executar a sua vingança em três imagens representando o Papa, a superstição e o Rei.

Esta descrição gráfica é dada pela famosa autoridade Benoit na sua obra monumental, *Maçonaria*. Os Maçons Livres esperam promover a causa do desejo de Lúcifer de governar o universo. Alguns Maçons chegaram ao ponto de serem emasculados, acreditando que a sexualidade desenfreada, como permitido pelo credo luciferiano, poderia muito bem interferir com o seu trabalho para estabelecer o reino de Lúcifer na Terra. Janos Kader, o antigo líder húngaro, tinha-se castrado por esta razão. A Igreja Católica não vai a este extremo, mas exige o celibato para padres e freiras, para que as pressões sexuais não possam desempenhar qualquer papel no seu serviço à humanidade e a Cristo. Pike, embora Sumo Pontífice, recebeu as suas ordens através de uma série de "Instruções" em 1889, pelo que Margiotta chama um "Conselho Supremo de 23 Conselhos de Alvenaria Mundial".

De acordo com algumas traduções do texto, que está no Museu Britânico em Londres, as instruções são as seguintes:

> A vós, Inspectores Gerais Soberanos, dizemos isto, para que possais repetir aos Irmãos dos 32, 31 e 30 Graus: A religião maçónica deve, por todos nós Iniciados de altos graus, ser mantida na pureza da doutrina luciferiana. Se Lúcifer não fosse Deus, Adonai cujos actos provam a sua crueldade e ódio ao homem, a sua barbaridade e repulsa pela ciência, será que Adonai e os padres o caluniariam? Sim, Lúcifer é Deus, e infelizmente Adonai é também Deus. Pois a lei eterna é que não há luz sem sombra... Assim a doutrina do Satanismo é uma heresia, e a religião filosófica pura e verdadeira é a crença em Lúcifer, o igual de Adonai, mas Lúcifer, o Deus da Luz e o Deus do Bem, luta pela humanidade contra Adonai, o Deus das Trevas e do Mal.

Esta é a verdadeira religião da maçonaria.

As metas e objectivos da religião maçónica, tal como acima descritos, levam a revoluções destinadas a derrubar o Reino de Deus na Terra. O derrube da Rússia cristã foi um grande triunfo para as forças anticristãs, a sua derrota pelo General Franco em Espanha foi um golpe catastrófico no qual a maçonaria também foi derrotada, pelo qual Franco nunca será perdoado. Se pensa que esta é uma ligação ténue, pense novamente: o plano maçónico para a separação da igreja e do estado nos Estados Unidos está a dilacerar a América, tal como o aborto, o abandono forçado das orações escolares, e a proibição dos cristãos de celebrarem devidamente os dias santos da Páscoa, Pentecostes e Natal como feriados nacionais. (Não à maneira dos pagãos com ovos de Páscoa e Pai Natal, etc.)

Estes são apenas alguns exemplos do que esta doutrina tem reconhecido. A pressão maçónica é uma pressão poderosa! Para não esquecer, ou mesmo que alguns de nós nunca soubemos, os maçons em França apelaram ao restabelecimento dos laços com o governo bolchevique após uma ruptura mundial nas relações diplomáticas em protesto contra a violência e o derramamento de sangue da revolução bolchevique. O presidente maçónico Woodrow Wilson foi o primeiro a reconhecer o governo bolchevique, apesar dos fortes protestos do Congresso. O poder da maçonaria é impressionante!

Eckert :

> Os Maçons organizaram a Primeira Guerra Mundial; admitem ser os mais ferozes rebeldes e apóstolos dos assassinatos no mundo.

O assassinato do Arquiduque Ferdinando da Áustria em Sarajevo, geralmente considerado pelos historiadores como a faísca que acendeu a Europa na Primeira Guerra Mundial, foi um assunto maçónico. Muitas autoridades, para além de

Eckert, concordam com esta declaração. Da explicação do ritual, bem como da história secular e das confissões dos membros da Ordem, pode concluir-se com razão que a Maçonaria é uma conspiração contra o altar, o governo e os direitos de propriedade, com o objectivo de estabelecer sobre toda a superfície da Terra, um reino social teocrático, cujo governo político-religioso teria a sua sede em Jerusalém. A condição indispensável para esta realização é a destruição dos três obstáculos a ela, a Igreja Católica, os governos nacionais e a propriedade privada.

A objecção intermédia caiu em grande parte. Dificilmente existe um governo onde a maçonaria, se não for bem-vinda, é pelo menos tolerada sem impedimentos. Pergunto-me muitas vezes o que é que se passa com os governos que permitem que este cancro no seu seio ultrapasse todos os esforços para refrear as suas actividades. Os governos não podem ser cegos à história, que está cheia de exemplos de traição maçónica. Então porque é que esta diabólica sociedade secreta, esta religião luciferiana, é permitida a existir dentro das nações cristãs? Porque é permitida a existência de qualquer sociedade secreta? Gostaria que alguém melhor informado do que eu fosse para resolver esta questão que me deixa tão perplexo.

Isto pode dever-se ao facto de os governos de todos os países ocidentais serem inteiramente controlados por um governo secreto parasita, tal como o que descrevemos no nosso livro sobre o Comité de 300, através do seu Conselho de Relações Externas,[1] que é absolutamente luciferiano em todas as facetas das suas actividades. Além disso, temos muitas religiões poderosas que não são cristãs, e de facto, uma religião importante que é absolutamente anti-cristã,

---

[1] O famoso CFR, NDT.

desempenhando um papel de liderança em todas as actividades anti-cristãs.

Os Maçons vêem a destruição de Cristo como um objectivo essencial dos seus objectivos religiosos, que estão, evidentemente, totalmente correlacionados com as suas aspirações políticas. A América terá ainda de pagar um preço pela "liberdade religiosa" e esse preço será muito provavelmente a destruição total desta grande República Americana tal como a conhecemos na sua forma actual. Se abrir as portas aos ladrões, deve esperar que a sua casa seja arrombada!

A mentira maçónica da "igualdade de todas as religiões" tem sido exposta muitas vezes como um charlatanismo, uma mentira ilusória, mas é preciso repetir: na maçonaria não há liberdade de religião. Nenhum outro culto além do luciferiano é tolerado, e todos os outros são denegridos. O cristianismo, em particular, pode esperar um ataque de ferocidade extrema contra ele, quando os Maçons ocuparem todos os governos seculares deste mundo, como é o seu objectivo frequentemente afirmado.

Naturalmente, a maçonaria não transmite as suas intenções a partir dos telhados de cada cidade; de facto, como disse anteriormente, a maioria dos seus membros ignoram completamente estas verdades.

Para citar novamente o Sumo Pontífice, Albert Pike:

> A maçonaria, como todas as religiões, mistérios, hermetismo e alquimia, esconde os seus segredos de todos menos dos Iniciados, dos Sábios ou dos Eleitos, e usa falsas explicações e interpretações dos seus símbolos para enganar aqueles que merecem ser enganados e para

esconder deles a verdade, que se chama luz, e separá-los da mesma.

Esta declaração muito franca, cuja autenticidade é contestada por vários maçons, foi verificada por Preuss, uma das principais autoridades da maçonaria, e está contida nos documentos de Pike no Museu Britânico em Londres. Não há absolutamente nenhuma dúvida sobre a autenticidade desta citação.

CAPÍTULO 7

A ORIGEM BRITÂNICA DO ENGANO

Os britânicos têm proporcionado a este mundo muitos grandes enganadores. Uma delas vem-me à cabeça: Benjamin Disraeli, um dos seus maiores primeiros-ministros, embora até ter sido levado quase sem um tostão pelos Rothschilds, ele não tinha subido muito. Mas esta é uma história que contei no meu livro *The Rothschild Dynasty*, uma história que só foi revelada a muito poucos. Disraeli é reconhecido como uma autoridade na Maçonaria, e muito depois do fim da Revolução Francesa, ele fez a seguinte declaração:

> Não foram os parlamentos, nem o povo, nem o curso dos acontecimentos que derrubaram o trono de Louis-Philippe... O trono foi surpreendido pelas Sociedades Secretas, sempre prontas para devastar a Europa.

Sei que esta frase já foi citada muitas vezes no passado, mas senti que valia a pena incluí-la neste livro, simplesmente porque não é menos importante hoje do que quando Disraeli pronunciou as palavras em 1852.

Não se enganem, as forças que assolaram a França e a Rússia estão prontas a assolar os Estados Unidos. Não prestará atenção para ver como a África do Sul foi traída e vendida à Nova Ordem Mundial? Se não formos cuidadosos, merecemos o destino que provavelmente nos irá suceder a todos, a menos que consigamos acordar o povo americano! Digo isto porque um estudo da história secreta americana expõe a influência mortal e perversa da Maçonaria nos assuntos desta nação. Os presidentes Lincoln e Garfield foram ambos assassinados por Maçons Livres. Há muitas fontes indubitáveis que indicam que estes assassinatos foram preparados e planeados pelos Maçons livres e não se ficaram por aí. O Presidente Reagan escapou por pouco à morte às mãos de John Hinckley.

A Maçonaria de Rito Escocesa planeou inúmeras conspirações para assassinar figuras políticas que se tornaram embaraçosas para o poder maçónico. O psiquiatra, que Hinckley consultou pela primeira vez, era um Maçon Livre. Hinckley foi programado para levar a cabo o assassinato, que falhou. Em suma, Hinckley sofreu uma lavagem cerebral tanto como Sirhan-Sirhan. Tal como já referi em publicações anteriores, o psiquiatra de Hinckley, que mais tarde testemunhou no seu julgamento, recebeu uma "bolsa" substancial do Rito Escocês da Maçonaria. Preciso de dizer mais?

Para aqueles que ainda pensam que a Maçonaria é uma ordem filantrópica, dedicada a fazer o bem, deixem-me sugerir-vos que leiam o que Copin-Albancelli, um crítico severo, e Louis Blanc, um dos queridos da Maçonaria, tinham a dizer sobre a Ordem. Num momento de candura, Blanc revelou a decepção da maçonaria para que todos pudessem ver:

> Como três graus de maçonaria comum agrupavam um grande número de homens opostos, devido ao estatuto e princípio da derrocada social, os inovadores multiplicaram os graus à medida que tantos degraus subiam a escada

mística, instituíram os altos graus como um santuário escuro, cujos portais só se abrem aos iniciados após uma longa série de testes (que) se destinam a provar o progresso da sua educação revolucionária, a constância da sua fé e o templo do seu coração.

Blanc proporcionou este facto inegável: a Maçonaria é uma das forças revolucionárias mais fortes do mundo, e tem sido desde o seu início. Mais uma vez, devemos agradecer a um porta-voz da Maçonaria Livre por nos ajudar a descobrir as provas necessárias para apoiar a reivindicação acima referida.

Tenho notado que cada vez que os Maçons realizam um grande banquete, um deles solta-se, e a verdade vem ao de cima. Veja-se a declaração feita pelo maçon Jacques Delpech num banquete muito grande e importante realizado em 1902:

> O triunfo do galileu durou vinte séculos, e ele morre por sua vez. A voz misteriosa que em tempos anunciou a morte de Pan na montanha do Épiro, anuncia agora a morte do Deus enganador, que prometeu uma era de justiça e paz para aqueles que acreditassem nele. A ilusão durou muito tempo; o Deus mentiroso está a desaparecer por sua vez; ele vai juntar-se às outras divindades da Índia, Grécia e Egipto, também de Roma, onde tantas criaturas enganadas se atiraram aos pés dos seus altares. Os maçons, temos o prazer de dizer, não estão preocupados com esta ruína dos falsos profetas.

A Igreja Romana, fundada sobre o mito Galileu, começou a declinar rapidamente no dia em que a associação maçónica foi formada... Deste ponto de vista político, os maçons têm variado frequentemente, mas desde tempos imemoriais, os maçons têm-se mantido firmes neste princípio, guerra a todas as superstições, guerra a todo o fanatismo.

O original desta declaração pode ser visto no Museu Britânico em Londres. Já citei um extracto desta declaração anteriormente neste livro, mas, em reflexão, achei apropriado incluí-lo na sua totalidade, uma vez que o considero as palavras mais reveladoras alguma vez proferidas por um Maçon Sénior.

Talvez menos conhecido seja o papel desempenhado pela Maçonaria na Guerra entre os Estados, também conhecida como a Guerra Civil Americana. Uma autoridade sobre o assunto é o autor Blanchard, que no seu livro, *Scottish Rite Masonry*, Volume II, página 484, declara sobre este trágico conflito:

> Este é o acto mais infame da guerra maçónica, tendo queimado os seus arquivos com 59 anos de idade antes da guerra para esconder a traição. Mas a escravatura governava então o país e o Charleston do grau 33 governava os alojamentos. E as pousadas do Sul preparadas para a guerra mais injustificável e infame de sempre. Os sulistas foram conduzidos por líderes, que secretamente juraram obedecer às ordens e líderes maçónicos, ou ter as suas gargantas cortadas!

Então, o que é que a Maçonaria tem conseguido até agora? Primeiro, a sua guerra contra Cristo e a Igreja intensificou-se através de um ressurgimento maciço da bruxaria e da espantosa propagação do gnosticismo na última década (ver o meu livro *Satanismo*).

A luta com a Igreja Católica também se intensificou. Em 1985, havia mais jesuítas nos Concílios superiores do Vaticano do que em qualquer outra época da história católica. A sua ordem para-militar, a Companhia de Jesus, tem sido capaz de se espalhar por todo o mundo e causar estragos entre nações, incluindo Zimbabwe, Nicarágua, Filipinas e África do Sul, e também, em grande medida, nos Estados Unidos da América, onde estabeleceu um verdadeiro centro fortaleza-comando a partir do qual penetrou em todos os ramos do governo. Gerou um espírito de anarquia que está a varrer o mundo de muitas formas, nomeadamente sob a forma de música 'rock' e da sua gémea, a cultura da droga, bem como na onda do terrorismo internacional. Vale a pena recordar que, segundo Cristo, Lúcifer representa a anarquia e a rebelião, da qual ele é o pai. Ao examinarmos o progresso da Maçonaria, voltamos ao seu primeiro grande triunfo, a sangrenta Revolução Francesa. Mais uma vez, lembre-se das palavras de Cristo: Satanás é um assassino sanguinário, e sempre o foi.

A Maçonaria desempenhou o papel principal no planeamento e execução da Revolução Francesa. Para aqueles que talvez não o tenham lido, recomendo o livro *The French Revolution*,[2] de Nesta H. Webster. É um dos melhores livros pesquisados que prova, sem sombra de dúvida, que a Revolução Francesa foi uma empresa da Maçonaria, financiada pelos Rothschilds, que expressaram desta forma o seu ódio de longa data e que se alimentavam de ódio a Cristo.

O mesmo é válido para a terrível revolução bolchevique de 1917. Em ambos os casos, vemos o espírito da Maçonaria como a mão guia, particularmente da Maçonaria Britânica. Antes disso, vimos a Guerra Anglo-Boer, uma tentativa cruel e implacável de aniquilar uma pequena nação pastoral

---

[2] *The French Revolution, a study of democracy*, Traduzido em francês pela primeira vez por Omnia Veritas, www.omnia-veritas.com

de cristãos tementes a Deus, o primeiro acto de genocídio, levado a cabo unicamente para obter o controlo da riqueza mineral que se encontra sob o solo da África do Sul. Sim, foi o primeiro genocídio registado contra uma nação. Maçons importantes como Lord Palmer e Alfred Milner perpetraram-no contra o que consideravam uma nação inferior (nas palavras de Cecil Rhodes), a nação branca e cristã dos agricultores bôeres.

Durante esta guerra assistimos à primeira utilização de campos de concentração e a uma guerra total contra a população civil (em oposição ao exército), que resultou na morte de 27.000 mulheres e crianças. A cruel Guerra da Crimeia foi outro marco na progressão da maçonaria universal.

A Guerra Abissínia, outra guerra genocida, foi iniciada com o único objectivo de dilacerar a Itália e enfraquecer a Igreja Católica. Foi nada mais do que um enredo da Maçonaria do princípio ao fim. O General Rodolfo Grazziani era um Maçon líder, e todo o caso era um planeamento de Mazzini, um mestre maçon e um mestre maquinista na rede maçónica.

Não admira que Mussolini tenha proibido a Maçonaria em Itália em 1922 e exilado alguns dos seus líderes, como Bartelemeo Torregiani. Como habitualmente, foram a Londres, a capital mundial de movimentos subversivos e rebeldes de todo o tipo, onde a imprensa britânica tentou enganar o povo britânico ao relatar que os Maçons Italianos "não eram bem-vindos", para citar um grande jornal que publicou esta história em 1931.

Como já mencionado, a chamada Guerra Civil Espanhola

foi uma tentativa de instalar um governo comunista e derrubar a Igreja Católica em Espanha. Era outro enredo maçónico, seja qual for a forma como se olha para ele. Os Maçons Livres aproveitaram-se da agitação civil que as suas forças tinham agitado para lançar um ataque furioso e sangrento contra a Igreja Católica. As estatísticas oficiais mostram que 50.000 freiras e padres perderam a vida da forma mais cruel e desumana possível. Tão violento foi o ódio da Igreja Católica que, numa acção terrível, as tropas socialistas desenterraram os cadáveres de freiras e padres e alinharam-nos numa posição sentada contra as paredes de uma igreja, puseram cruzes nas suas mãos e repreenderam, denunciaram e amaldiçoaram os mortos com todas as vil invectivas que puderam encontrar.

Com a imprensa ocidental então, como agora, nas mãos da Maçonaria, os 'loyalists' (os comunistas, cuja única lealdade era a Lúcifer) foram apoiados pela imprensa mundial. Durante os meus estudos no Museu Britânico, fiz uma extensa leitura da cobertura jornalística da guerra, e também assisti a uma série de 'notícias' e documentários sobre o assunto, especialmente alguns dos 'noticiários', que foi obviamente o trabalho do Instituto Tavistock.[3]

Sem excepção, os inimigos da humanidade têm sido inundados de louvor, adulação, apoio e conforto, enquanto as forças da Espanha cristã, sob a liderança do General Cristão Franco, têm sido sujeitas a todas as calúnias e acusações infundadas de brutalidade, que a nossa imprensa mentirosa do Ocidente é tão boa a conceber e a executar. Atrevo-me a sugerir que se o próprio Cristo tivesse liderado as forças da Espanha cristã, as vendas da imprensa teriam,

---

[3] Ver John Coleman *The Tavistock Institute*, Omnia Veritas Ltd, www.omnia-veritas.com.

de alguma forma, conseguido minar até os seus esforços!

CAPÍTULO 8

ASSASSINATOS MAÇÓNICOS DE LÍDERES MUNDIAIS

O plano maçónico para assassinar o arquiduque Ferdinando em Sarajevo foi bem sucedido, e a Primeira Guerra Mundial, com o seu terrível número de massacres de cristãos brancos, foi o resultado. A I e a II Guerra Mundial foram o resultado de intrigas, conspiração e planeamento por parte da Maçonaria Livre.

Já mencionei os assassinatos dos Presidentes dos EUA Lincoln, Garfield, McKinley e Kennedy. Assassinatos por Maçons não se limitaram aos presidentes americanos, mas envolveram uma vasta gama de figuras notáveis na história.

Há muitas outras vítimas dos assassinos maçónicos, tais como o Representante L. McFadden, presidente do Comité Bancário da Câmara, que tentou deter o Federal Reserve Bank, um banco privado. Não é nem federal nem um banco de reserva, mas um instrumento de escravatura controlado pela Maçonaria.

É certamente do conhecimento geral que Paul Warburg, um 33 maçon da Alemanha, autor dos artigos que conseguiram subverter a Constituição dos EUA ao criar os Bancos da Reserva Federal em 1913. Os Maçons do Senado dos EUA asseguraram a sua aprovação como "lei".

Apenas dois dos conspiradores que deixaram Hoboken na carroça privada selada a 22 de Novembro de 1910, com destino à Ilha Jekyll ao largo da costa da Geórgia, para planear os bancos da Reserva Federal, não eram Maçons Livres. Há poucas referências a esta conspiração para subverter a Constituição em documentos oficiais. Mesmo o Coronel Mandel House (um importante Maçon do Freemason, que foi o controlador do Presidente Wilson, que assinou a Lei da Reserva Federal) não faz qualquer menção a ela.

Como é habitual, quando os interesses vitais do povo americano estão em jogo, a imprensa desonesta, tal como o *New York Times*, não considera adequado informar o povo americano sobre estes actos desprezíveis de traição. Porque é que 1913 foi importante? Porque sem os Bancos da Reserva Federal, não teria sido possível à Maçonaria processar a Primeira Guerra Mundial! Nessa guerra, e na Segunda Guerra Mundial, as fábricas de munições pertencentes aos banqueiros internacionais (uma palavra para banqueiros e gangsters) nunca foram tocadas! A moeda "elástica" do Banco da Reserva Federal forneceu o dinheiro para o comércio de armas, pelo que se pode ter a certeza de que ninguém em nenhum dos lados do conflito teria sido suficientemente tolo para destruir os bens dos banqueiros, ou seja, as suas fábricas de armas e munições.

Sinto que os verdadeiros "internacionalistas" são os traficantes de armas dos países ocidentais. Estes homens que trabalham sob a direcção dos maçons têm dois objectivos: criar e prolongar guerras e perturbar a paz através do terrorismo internacional. Depois, para explorar as guerras que acreditam vir a seguir. Os bancos não conhecem fronteiras nacionais e não devem lealdade a nenhum país. O seu Deus é Lúcifer.

Se possível, pegue num exemplar de *Arms and the Men*, um pequeno livro publicado pela revista Fortune Magazine e leia-o cuidadosamente. Terá então uma ideia clara de quem está por detrás do terrorismo internacional, e talvez mais importante, a prova de que a Maçonaria é a força demoníaca em geral no mundo actual, responsável pelas Brigadas Vermelhas (sucessora do grupo terrorista maçónico La Roja - Os Vermelhos) e pelas muitas centenas de grupos terroristas organizados que operam em todo o mundo!

Outro dos maiores sucessos e realizações da Maçonaria é o uso de drogas induzidas artificialmente e a proliferação meteórica do "comércio" em todo o mundo ocidental. O papel da China (o principal fornecedor de ópio bruto) no conflito do Vietname era o de viciar as tropas americanas em ópio, para que levassem consigo o seu hábito de volta à América. Nisto, a China foi bem sucedida. As estatísticas mostram que 15% das forças militares dos EUA no Vietname se tornaram viciadas em heroína! Os chefes do comércio da droga estão a liderar os Maçons livres.

Se acha isto difícil de acreditar, deixe-me recordar-lhe os maiores exploradores de ópio que o mundo alguma vez conheceu: o governo britânico. A política oficial do governo britânico para o ópio na China produziu milhões de toxicodependentes fumadores de ópio. Lord Palmerston, um maçon de rito escocês de 33 graus, foi responsável por este comércio insidioso. Os lucros desta empresa satânica financiaram pelo menos uma grande guerra contra Cristo - a Guerra Anglo-Boer (1899-1902).

O que aconteceu à Princesa Graça do Mónaco? O seu carro ainda está sob controlo no pátio da polícia no Mónaco. Ninguém está autorizado a inspeccioná-lo. E porque não? Porque Grace foi assassinada pelos homens da Ordem

Maçónica P2 (o ramo mais secreto da maçonaria italiana) para avisar o seu marido para não se apropriar dos lucros das suas operações de doping na Colômbia e na Bolívia!

A ausência de lei do Supremo Tribunal dos EUA é de inspiração maçónica. O Supremo Tribunal sem lei deu à América aborto, uma palavra educada para o assassinato em massa de pelo menos 50 milhões de bebés inocentes e indefesos, incapazes de se protegerem! Que Deus Todo-Poderoso nos perdoe por permitirmos que Lúcifer assassine o nascituro.

O rei Herodes era um vil assassino de crianças, mas os moinhos de aborto fazem-no parecer um santo por comparação. Os juízes pró-aborto estão a aquecer melhor as bancadas do Supremo Tribunal do que Herodes? A ilegalidade do Supremo Tribunal que proíbe as orações das nossas escolas é outro triunfo da maçonaria. Lúcifer é o epítome da ilegalidade, e o Supremo Tribunal dos Estados Unidos, controlado pelo Maçon, está hoje a levar a cabo a sua agenda sem lei nos Estados Unidos.

> Eu subirei acima das alturas das nuvens, serei como o Altíssimo (Isaías, capítulo II, versículo 14)

Isto é o que o Supremo Tribunal dos EUA fez. Colocou-se acima dos dois maiores documentos alguma vez escritos, a Bíblia e a Constituição dos EUA! Até remediarmos esta terrível situação, os Estados Unidos continuarão a descer e acabarão por cair como uma ameixa madura nas mãos da conspiração mundial controlada por Lúcifer, a que chamamos Maçonaria. No livro do Génesis, capítulo 3, versículo 15, lemos que Deus declarou guerra a Lúcifer. Esse conflito está em curso neste momento. O que estamos a fazer em relação a isso?

Estaremos a passar o nosso tempo a ser anestesiados pelo espectáculo desportivo na televisão, ou estaremos a fazer a nossa parte para avisar os nossos concidadãos americanos de que a queda desta grande nação é iminente? Se não acordarmos do nosso torpor cego e nos juntarmos à guerra de Deus contra Lúcifer, somos de pouco valor como soldados de Cristo.

Jesus disse que Caim foi o primeiro fora-da-lei terreno. O movimento da Maçonaria honra Cain com a sua palavra-chave, Tubal Cain. A Maçonaria não pode coexistir com o Cristianismo. Ou a Maçonaria triunfará ou o Cristianismo irá destruí-la. O assassinato de Cristo foi o acto mais ilegal alguma vez cometido no universo, mas a Masonry aplaude-o. Uma das suas grandes figuras, Proudhon, disse:

> Deus é cobardia, loucura, tirania, maldade. Para mim, então, Lúcifer, Satanás!

O comunismo é uma conspiração maçónica para fazer avançar o reino de Lúcifer, desafiando o plano de Deus para o Seu povo na Terra. Quando nos apercebemos destas coisas, muitas peças do puzzle começarão a encaixar.

O tipo de educação que recebemos nas nossas escolas e universidades não nos permitirá combater estes males, porque o conhecimento destas coisas é deliberadamente escondido de nós pelos nossos controladores educacionais.

Não encontrará nada nas nossas universidades sobre o facto de o Banco da Reserva Federal ser uma entidade ilegal e privada. Também não encontrará nada sobre o governo secreto dos Estados Unidos, o Comité dos 300 e o seu Conselho de Relações Externas, que está a trair e a entregar esta grande nação nas mãos de um governo mundial - a

Nova Ordem Mundial. É um plano maçónico, parte do seu esforço universal para destruir completamente o cristianismo e limpá-lo da face da terra.

É o acto supremo da anarquia. Lembre-se que Cristo veio para nos libertar da lei babilónica, na qual a Maçonaria se baseia. Cristo disse que Satanás é um fora-da-lei, porque veio à Terra ilegalmente, ou seja, sem um corpo. É por isso que Cristo teve de nascer de uma mulher, para poder estar legalmente na Terra.

Apenas aqueles que têm um corpo estão legalmente na terra. Satanás entrou neste mundo pela porta das traseiras. (Cristo disse nas parábolas que ele subiu ao muro.) Por causa de Satanás, que os Maçons adoram, os Estados Unidos caíram numa situação desesperada. Talvez seja um pedreiro em graus inferiores, e diz: "Sou pedreiro há anos e nada disto acontece na nossa Loja.

A ti e a outros como tu, deixa-me dizer: "Foste enganado. A grande maioria dos maçons nunca são informados do que acontece no 33 grau.

Como disse Eckert:

> Tenho dito e repito que muitos maçons, mesmo nos graus maçónicos, não suspeitam do significado oculto dos símbolos que usam para o que é ensinado e praticado nos graus mais elevados.

Outra autoridade em alvenaria, Dom Benoit, disse:

> O rito reformado do Paládio tem como prática e objectivo fundamental a adoração de Lúcifer, e está cheio de impiedade e de todas as infâmias da magia negra.

Depois de se ter estabelecido nos Estados Unidos, invadiu a Europa e está a fazer progressos aterradores todos os anos. Todo o seu cerimonial está cheio, como se pode imaginar, de blasfémias contra Deus e contra o nosso Senhor Jesus Cristo.

Precisamos de dizer mais?

CAPÍTULO 9

FACTOS ANTERIORMENTE NEGLIGENCIADOS

A única coisa que não podemos ignorar na Maçonaria é que se trata de um movimento subversivo. A Maçonaria significa muitas coisas para muitas pessoas, mas o fio comum que percorre a história da Maçonaria é a sua característica constante de sigilo para a sua própria segurança. Todas as sociedades secretas são subversivas, algumas são também ocultistas e políticas, mas estes factos são escondidos do corpo principal dos maçons, que raramente vão além do quarto grau.

A maçonaria é uma organização que ama o segredo, e odeia aqueles que procuram expor o seu mal inerente. Tem um fetiche pelo sigilo. A alvenaria precisa de ser exposta. Uma casa aberta seria suicida para o movimento. O objectivo deste livro é lançar alguma luz sobre a maçonaria, que está tão interligada com os jesuítas e a Nobreza Negra, que seria impossível discutir a maçonaria isoladamente, e sem fazer alguma referência aos seus co-conspiradores.

Isto tornar-se-á evidente à medida que eu prosseguir com o meu livro. O chamado credo maçónico é bastante bem descrito por Leo Tolstoy, que, embora não seja maçon, deu um relato claro, qualificado por um pouco de simpatia excessiva pela Maçonaria e por alguns dos seus princípios.

Tolstoi detalha com "fraternidade" (a pedra angular da maçonaria, dos Illuminati e do comunismo) como se segue:

> Só com a cooperação de todos os milhões de gerações, desde o nosso antepassado Adão até aos nossos dias, é que o Templo será erigido, para ser uma morada digna do grande Deus.

Ele não nos diz que a letra "G", o símbolo da maçonaria, representa o gnosticismo e não Deus. Tolstoi prossegue, dizendo:

> O primeiro e principal objectivo da nossa Ordem, o fundamento sobre o qual assenta e que nenhum poder humano pode destruir, é a preservação e transmissão, desde os primeiros tempos, desde o primeiro homem, de um mistério do qual o destino da humanidade pode depender. Mas como este mistério é de tal natureza que ninguém pode conhecê-lo ou utilizá-lo sem estar preparado para ele por uma longa e diligente auto-purificação, nem todos podem esperar alcançá-lo rapidamente, daí um propósito secundário: o de preparar os nossos membros, na medida do possível, para reformar os seus corações, purificar e iluminar as suas mentes, pelos meios que nos são transmitidos pela tradição.

Este é precisamente o objectivo dos Illuminati e de muitas outras sociedades secretas, como os Rosacruzes e os Jesuítas. A Nobreza Negra acredita que foi de alguma forma dotada de conhecimentos especiais e escolhida para governar "desde a antiguidade".

É assim que se podem ver os denominadores comuns entre a maçonaria e as outras sociedades secretas ocultas com as quais o mundo está agora tão fortemente infestado. Que a alvenaria é inteiramente uma mentira negra pode ser deduzida das palavras de Cristo, que disse

... que os homens amam as trevas (lugares secretos) em vez da luz, porque as suas acções são más.

É a noção de uma tradição de longa data e fundamentalmente importante que dá à Alvenaria a sua motivação. Todas as ordens secretas, mesmo o sacerdócio egípcio, foram mantidas juntas e receberam poder e autoridade no pressuposto de que sabiam coisas secretas que as pessoas comuns não sabiam. Tolstoi novamente:

O terceiro objectivo é a regeneração da humanidade.

Estes são os sete degraus do templo de Salomão. Neste ponto, mencionarei que Salomão foi provavelmente o maior mágico que alguma vez viveu. Nos tempos modernos, um jovem cigano, nascido e a viver nos Estados Unidos, que se intitulava David Copperfield, tornou-se famoso como um grande mágico. Os ciganos ciganos há muito que são conhecidos como praticantes de truques de magia, e Copperfield atingiu grandes alturas antes de a sua carreira ter desmoronado devido à sua prisão por violação. Porque acredito, como o Antigo Testamento também afirma, que o cristianismo não assenta num fundamento de magia, estou inclinado a descontar a sabedoria de Salomão como tendo pouca influência sobre os ensinamentos de Cristo. A minha opinião pessoal é que o cristianismo não depende inteiramente do Antigo Testamento. O cristianismo começou realmente com o Cristo da Galileia. Cristo não era de Jerusalém, Salomão ou da linhagem Davidic. Portanto, os cristãos devem rejeitar, como propaganda, a ideia de que a maçonaria se baseia no cristianismo, porque fala tanto de Salomão.

Se estudarmos este ponto, teremos uma melhor compreensão tanto da maçonaria como do cristianismo. A minha opinião pessoal é que Cristo inicialmente limitou o seu ministério à Galileia, mas foi persuadido pelos seus seguidores a empreender uma cruzada missionária a Jerusalém. Não foi muito depois da sua viagem missionária a essa cidade que o Sinédrio o condenou a ser crucificado. Não acredito que os truques de magia de Salomão tenham algo a ver com o Cristianismo, tal como a Maçonaria. Pergunto-me quantos de nós já pararam para se interrogar sobre as estreitas ligações entre os Maçons e os templos.

Os sete passos do templo de Salomão supostamente significam :

❖   Discrição
❖   Obediência
❖   Moralidade
❖   O amor da humanidade
❖   Coragem
❖   Generosidade
❖   Amor
❖   Mortes

Mais uma vez, chamo a vossa atenção para o recrudescimento das cenas fúnebres em quase todos os filmes de Hollywood e televisão ao longo dos últimos 20 anos. Saliento que o objectivo é incutir em todos nós uma atitude despreocupada em relação à morte, que está em oposição directa ao ensino de Cristo, que disse que a morte é o último inimigo a ser derrotado. Quando começamos a considerar a morte como um mero nada, a civilização corre o risco de regredir para a barbárie.

À medida que nos habituamos a aceitar a morte casualmente, a nossa sensibilidade (esperemos) será entorpecida - o horror consciente normal das mortes em massa acabará por dar lugar a uma sensação de imprudência. Submeto-vos que estamos todos constantemente a sofrer uma lavagem cerebral. Lembre-se deste ponto na próxima vez que vir um filme que inclua a cena de enterro quase obrigatória da sepultura. A intenção é engendrar uma falta de respeito pela individualidade de cada um de nós. Não somos uma massa de pessoas, somos indivíduos.

Uma aceitação casual da morte vai contra os ensinamentos de Cristo e é consistente com as doutrinas dos Maçons, bem como com as doutrinas de muitas outras sociedades secretas cujo carácter e propósito são decididamente satânicos. Frank King, o autor de um notável livro sobre Cagliostro, o Maçoneiro, que se diz ter "descoberto" o rito egípcio da maçonaria, afirma que a cerimónia de iniciação a que Cagliostro foi submetido "foi muito semelhante à que se realiza hoje em dia nas lojas maçónicas. Inclui várias cenas inofensivas mas indignas, que se destinavam a impressionar o candidato.

O iniciado é içado para o tecto e deixado pendurado, significando a sua impotência sem ajuda divina. É apunhalado com uma adaga, cuja lâmina cai na sua pega para enfatizar o destino que lhe aconteceria se alguma vez traísse os segredos da Ordem. Ele teve de se ajoelhar, despido das suas roupas, para mostrar a sua submissão ao Mestre da Loja. Cagliostro, um grande mágico, numa visita a Londres, deparou-se com um livro sobre o rito egípcio. O livro é de George Gaston. Impressionou tanto Cagliostro que começou a promovê-lo, chamando-lhe "O Rito Egípcio da Maçonaria", reivindicando-o como seu. Cagliostro afirmou que o Rito Egípcio era mais solene e antigo do que a maçonaria regular. Apresentou a sua "descoberta" como uma "Ordem Superior de Alvenaria", aberta apenas aos maçons do grau 25 e superiores. Tal como o autor original, Gaston, Cagliostro afirmou que os fundadores do Rito Egípcio eram Elias e Enoque, e que, tal como eles, os membros da Ordem Maçónica do Rito Egípcio nunca morreriam, mas seriam "transportados" após a morte, renascendo de cada vez das cinzas para viverem doze vidas.

Não pode haver grandes dúvidas de que os Maçons "purificados" acharam muito agradável a perspectiva de não terem de morrer e de serem investidos com doze vidas, de modo que houve vários convertidos à Nova, ou melhor, à Antiga, Ordem de Cagliostro, nomeadamente o Marechal de Campo Von der Recke e a Condessa Von der Recke da Nobreza Negra, cujas famílias podem ser rastreadas até aos Guelphs Negros Venezianos. O extraordinário Cagliostro, mestre mágico e o "Salomão" do seu tempo, foi admitido no Hope Lodge of the Kings Head Masons em Londres em 1776. Após 14 meses em Londres, partiu para promover o seu "novo" rito em Roma sob os narizes dos seus inimigos católicos e foi logo preso pelo Papa. Se não soubéssemos mais nada sobre a Maçonaria, já seria claro que a Maçonaria é a descendente directa dos cultos Orphic e Pythagorean, e não tem nada a ver com o Cristianismo, e muito menos com o culto a Deus, que, como eu disse, a Maçonaria não nos diz enquanto orgulhosamente afirma que a letra "G" representa Deus. Se a maçonaria fosse fundada no cristianismo, não odiaria a Igreja Católica com tanta fúria e violência.

CAPÍTULO 10

A IGREJA CATÓLICA: INIMIGO JURADO DA MAÇONARIA

Desde os primeiros dias da sua história, a Igreja Católica tem denunciado a maçonaria como inerentemente má. A Igreja Protestante, por outro lado, e particularmente o seu ramo anglicano, não só tem tolerado abertamente a maçonaria, mas em alguns casos alguns membros da hierarquia da Igreja Anglicana detêm altos cargos na Maçonaria. Há muitos casos em que os padres anglicanos controlam as pousadas mais secretas e importantes, incluindo a Quator Coronati Lodge em Londres e a infame Nine Sisters Lodge[4] no 15 arrondissement de Paris. A Maçonaria declarou desdenhosamente que não teme o Protestantismo, considerando-o o filho bastardo do Catolicismo, o seu inimigo mortal e formidável.

A Igreja Protestante não pode efectivamente opor-se à propagação da Maçonaria. A Maçonaria ensina como um facto que a maçonaria é a única alternativa viável ao catolicismo, que Mazzini (um importante maçon que desempenhou um papel tão decisivo na realização da Guerra Civil Americana) denunciou com a maior ferocidade. É perfeitamente correcto dizer que a Maçonaria simplesmente ignora a Igreja Protestante.

---

[4] A famosa Loja das Nove Irmãs a que Benjamin Franklin terá pertencido.

Um pedreiro de 33 graus disse-me:

> Somos a primeira religião no mundo de hoje. Somos mais velhos e mais sábios do que a Igreja Católica, e é por isso que ela nos odeia tanto. O homem que se junta a nós sente-se membro de uma religião fundamental de uma sociedade secreta, o guardião dos mistérios mais antigos das forças da vida e do universo. Não temos o problema que a religião organizada tem de inspirar nos seus seguidores o profundo sentido de propósito que incutimos nos nossos membros. Vejam os católicos em África e na América do Sul. Diria que eles estão imbuídos de um profundo sentido de propósito, de pertença?

Claro que o meu amigo maçonista não se deu ao trabalho de me explicar que a Maçonaria se baseia no engano, sendo o seu verdadeiro objectivo a adoração de Lúcifer. Continuando os seus esforços de propaganda para comigo (estava de facto a oferecer-me como membro da sua Loja), disse ele:

> O iniciado que aceitamos emerge com um sentido de um universo bem ordenado, onde os seus próprios objectivos e metas são subitamente claramente definidos. Uma tradição que remonta a Adão está por trás dele. A noção de irmandade do homem dá-lhe um novo sentido de pertença à raça humana. Além disso, o mundo está cheio de benevolentes irmãos maçons que não o decepcionarão. Esta é, evidentemente, uma atracção importante que a Igreja Cristã perde completamente. Enquanto a Igreja cristã não aprender a preocupar-se com as pessoas, uns com os outros, em termos práticos e quotidianos, o cristianismo continuará a murchar.

Não há dúvida de que existe um forte desejo em todos nós de ter as nossas necessidades físicas satisfeitas. A segurança é primordial, e o meu amigo maçónico tem certamente razão. Enquanto Billy Graham e os seus colegas "televangelistas" obviamente cuidam muito bem das suas próprias necessidades, os membros centrais dos seus ministérios não são de todo atendidos a um nível prático. Há uma total falta de amor fraternal e de preocupação pelos outros entre os cristãos. Ninguém pode negar a existência de um defeito tão gritante e a gravidade do problema. Nisto, poderíamos inspirar-nos na Masonry que cuida bem dos seus membros. Qualquer que seja a relação incestuosa entre a maçonaria, a nobreza negra e os jesuítas, o seu desejo e objectivo comum é derrubar a ordem existente e destruir o cristianismo. Quer sejamos católicos ou protestantes, é nosso dever opormo-nos ao seu objectivo com toda a nossa força. Todas as grandes conspirações são cimentadas e ligadas entre si, energizadas por poderosos motivos ideológicos - no caso da maçonaria, um ódio comum ao cristianismo. Podemos incluir na sua "lista de ódio" o ódio aos verdadeiros ideais republicanos e aos Estados-nação.

O que é que os conspiradores têm em comum, para além do acima referido? A resposta é que são apoiados a cem por cento pela imensa riqueza das "velhas famílias" e mesmo, insensatamente, por alguma realeza. Na América são totalmente apoiados pelo CFR, descendente do Essex Junto, um dos corpos conspiratórios que iniciou a Guerra Civil e quase quebrou a União com a ajuda das famílias mais ricas de Boston. Os descendentes das famílias mais antigas e respeitáveis de Boston continuam o trabalho do Essex Junto, tentando dividir os Estados Unidos - e são apoiados por algumas das dinastias bancárias mais ricas do mundo.

Este grupo de traidores tem um aliado no Vaticano, uma Clarissa McNair, que estava a transmitir propaganda anti-americana na Rádio Vaticano. Estava protegida por vários

Maçons proeminentes, pelo que conseguiu sobreviver à ira do papa.

A desestabilização da Polónia, que preparou o caminho para a invasão planeada, foi levada a cabo pelo maçon livre treinado pelos jesuítas Zbigniew Brzezinski, que 'criou' o Solidariedade[5], o sindicato falso, unicamente para desestabilizar o governo do General Jaruzelski. O Papa explicou que ele, Lech Walesa, era apenas um instrumento nas mãos de forças maiores. Após a sua reunião, Walesa desapareceu da cena política. Com uma ou duas excepções, a maioria dos papas são inimigos da Maçonaria e opõem-se constantemente aos jesuítas. O Papa João Paulo II causou consternação nos círculos jesuítas ao nomear a anti-jesuíta Paola Dezzi como chefe da ordem. "Levarei a ordem à Ordem", disse o Papa.

Os casos acima referidos, Polónia e oposição aos Jesuítas, são apenas dois dos muitos casos em que os papas estiveram envolvidos em batalhas com a maçonaria. Muito poucas pessoas sabem algo sobre os esforços diplomáticos do Papa João Paulo II - como os seus repetidos avisos à América para que abandone a sua abordagem cega pró-Israel à política do Médio Oriente, uma atitude que o Papa disse que levaria à Terceira Guerra Mundial.

A Polónia não é o único caso de traição deliberada no governo ocidental desde a Segunda Guerra Mundial. Lembro-me que foi um certo Klugman que introduziu os traidores, agentes britânicos do MI6 chamados Burgess, McLean e Philby, no KGB. Philby, um Maçonaria de Vida Inteira, conseguiu o seu emprego no SIS (Special Intelligence Service) através de Sir Stuart Menzies, um

[5] Solidarnosc em polaco.

Maçon de Rito Escocês e antigo Director do SIS. Anthony Blunt, o Guardião do Cisne da Rainha e espião extraordinário, começou a sua carreira como traidor depois de se ter juntado aos Maçons Livres.

Ao longo da sua carreira, Blunt foi protegido por homens de alto nível no SIS, colegas maçons que, como ele, se dedicavam à causa da maçonaria. O SIS está repleto de toupeiras KGB-Masonic. Outro facto escandaloso é que a Scotland Yard é gerida de cima para baixo por maçons de rito escocês. A alvenaria utiliza métodos subtis de controlo. Nos primeiros tempos da sua história, nem sempre foi este o caso. Estava mais inclinado a usar pura força para alcançar os seus objectivos do que está hoje. Um exemplo verdadeiramente notável do que estou a falar é Cagliostro, que mencionei anteriormente. Cagliostro foi acusado de roubo quando um marquês siciliano, um 33 maçon livre, interrompeu o julgamento saltando sobre o procurador e derrubando-o ao chão. As acusações contra Cagliostro foram rapidamente retiradas. Esta conta foi verificada pela autoridade maçónica W.R.H. Towbridge e por Goethe. Hoje, os Jesuítas da Nobreza Negra-Maçon não usam a força directa, excepto para dar uma lição de aviso aos membros errantes, como vemos com o ritual do enforcamento de Roberto Calvi e a morte de Grace Kelly. Calvi foi o director do Banco Ambrosiano, culpado de perder vários milhões em dinheiro de alvenaria. Fugiu para Inglaterra para procurar a protecção dos seus amigos, mas viu-se numa armadilha fatal. Ele foi enforcado pelos Maçons livres de acordo com o seu ritual. Quando surge a oportunidade, os maçons não se esquivam à violência. Os juramentos sangrentos feitos em cada grau são brutais e repulsivos.

O autor John Robinson diz no seu livro *Born in Blood*

(Nascido no Sangue):

... Ter a língua arrancada, o coração arrancado do peito, o corpo cortado em dois com as entranhas queimadas em cinzas parece ser um exagero, literalmente, e é contrário à lei de qualquer país onde os maçons operam, bem como a todas as religiões que os maçons recebem em fraternidade

John Quincy Adams, que foi o sexto Presidente dos Estados Unidos, opôs-se de forma particular e veemente à Maçonaria.

Como diz Robinson no seu livro :

Adams nunca perdeu uma oportunidade de condenar a Maçonaria. Apelou a todos os maçons para que abandonassem a ordem e ajudassem a aboli-la de uma vez por todas, uma vez que era totalmente incompatível com uma democracia cristã. Escreveu tantas cartas contra a Maçonaria, que puderam preencher um livro. Numa carta ao seu amigo Edward Ingersoll datada de 22 de Setembro de 1831, o ex-presidente resumiu a sua atitude perante os juramentos maçónicos e o seu impacto na irmandade.

Historiadores e estudiosos da maçonaria e da Constituição dos EUA discordam que as afirmações de que a maçonaria se tinha enraizado entre os Pais Fundadores permaneceram firmemente enraizados na jovem República. A versão final da Constituição foi escrita por muitas mentes brilhantes, mas foi demonstrado que os Maçons Livres foram responsáveis por grande parte dela.

Thomas Jefferson, cuja prosa constitui a maior parte do documento, opôs-se, no entanto, fortemente à Maçonaria. Os outros autores principais foram George Washington, Benjamin Franklin e John Adams. Embora não fosse um

Maçon, Adams teria concordado com Washington e Franklin. Jefferson continua a ser o interloperador. Mas como fez com Cagliostro, a Maçonaria cuida sempre dos seus.

A "fuga milagrosa" de uma prisão suíça de alta segurança pelo maçon italiano P2 Lucio Gelli é uma prova disso, e do extraordinário poder dos pedreiros. Gelli vive em Espanha, sem ser incomodado pela polícia suíça ou pela Interpol, o remanescente de Reinhart Heydrich. O estranho sobre Gelli é que durante toda a Segunda Guerra Mundial ele trabalhou de perto com Mussolini, apesar de este último se ter oposto à Maçonaria.

Talvez isto se deva ao facto de, aos 17 anos de idade, Gelli ter sido voluntário num corpo expedicionário formado por Mussolini e enviado para combater os comunistas em Espanha.

Mais tarde, entrou para a CIA. Em Março de 1981, a polícia invadiu a residência de Gelli e descobriu numerosos documentos que mostram que ele tinha trabalhado com Roberto Calvi do chamado "Banco do Vaticano", por outras palavras, com a máfia. O Cardeal Casaroli declarou mais tarde que o Banco do Vaticano tinha sido roubado de milhões de dólares.

CAPÍTULO 11

AS LIGAÇÕES MAÇÓNICAS DA INTERPOL

Eu costumava perguntar-me porque é que as nações ocidentais utilizavam a Interpol, um antigo dispositivo nazi, enquanto condenava a Alemanha por se defender na Segunda Guerra Mundial, até descobrir que a Interpol é uma rede de espionagem da Maçonaria Livre, a reserva dos Maçons, dos Jesuítas e da nobreza negra. David Rockefeller faz uso extensivo da Interpol, que comprou literalmente à Alemanha nos anos do pós-guerra, para monitorizar os grupos de direita americanos que possam representar uma ameaça para o Conselho de Relações Externas (CFR).

A história que estudei, não encontrada nos vossos livros de história habituais, revela que o Rito Escocês sempre esteve, e ainda está, à frente de muitas sociedades secretas que infestam o mundo. O Rito Escocês da Maçonaria começou como o culto dos Mafiosos, por vezes chamados Magos. Simão o Mago era um membro dos Mobeds. Foi Simão Mago que elevou o culto do gnosticismo a uma força anti-cristã, que depois levou para Roma para contrariar as actividades de São Pedro e Filo de Alexandria.

É do gnosticismo que nasceu o ódio ao cristianismo, à nação, aos estados e aos ideais republicanos, que acabou por se destilar no corpo de doutrina de todas as sociedades secretas, que conhecemos como Maçonaria. No coração da

Maçonaria está o rito escocês, no qual Lúcifer é honrado e venerado nos graus mais elevados. A aristocracia britânica impô-la à América com consequências desastrosas para a jovem República. A Grã-Bretanha é governada pelo iníquo rito escocês, herdeiro da Irmandade Pré-Rafaelita dos cultos Ocultistas-Templários e da Ísis e Osíris de John Ruskin. Os Rosacruzes são uma criação dos Jesuítas Robert Fludd e Thomas Hobbes, secretário do agente dos serviços secretos Bacon, e estabeleceram os princípios fundadores do rito escocês.

A criação do Rito Escocês da Maçonaria foi supervisionada por Sir William Petty, avô do famoso Conde de Shelburne, orquestrador da revolução sangrenta liderada pela oligarquia suíça e controlada por Londres, que conhecemos como a Revolução Francesa. O jesuíta colocou Robert Bruce no trono da Escócia e nomeou-o chefe do rito escocês. Os Cecil, que têm dominado a liderança da Inglaterra desde o tempo da Rainha Isabel I, são parte da conspiração. Os Cecilos estão directamente relacionados com a casa veneziana da Nobreza Negra de Guelph. Para mais informações sobre os Cecils, por favor, pegue numa cópia da minha monografia *King Makers, King Breakers: The Cecils.*

A história secreta da América republicana está cheia de nomes de traidores notórios que eram membros do rito escocês e que se opunham à jovem República. Albert Gallatin, um espião suíço da nobreza negra, Albert Pike, um americano degenerado e dissoluto, e Anthony Merry, o novo embaixador britânico enviado para os Estados Unidos em 1804 pelo maçon do rito escocês, o primeiro-ministro William Pitt de Inglaterra, conspirou com Timothy Pickering, o senador James Hillhouse, e William Plummer para que New Hampshire se separasse da União. Merry posou como um diplomata inexperiente, mas na realidade era um agente maçónico de alto nível, também envolvido em parcelas secessionistas semelhantes em Nova Jersey, Pennsylvania e Nova Iorque.

William Eustas foi o candidato que o Rito Escocês apresentou para derrotar a candidatura de John Quincy Adams a um lugar no Congresso. Os Maçons livres não fizeram segredo da sua cumplicidade na vitória de Eustas sobre Adams. Anos antes, outro Maçon, Grenville, tinha aprovado a Lei do Selo.

O Parlamento britânico, controlado pelos Maçons, activou o Estatuto de Henrique VIII, que permitiu aos britânicos trazer para Inglaterra qualquer pessoa da colónia americana que estivesse determinada a retirar o jovem país do jugo do Rei Jorge III, mesmo que isso significasse ir para a guerra para o fazer.

A Loja Mãe do mundo do Rito Escocês, estabelecida em Charleston, Carolina do Sul, pela oligarquia odiada dos inimigos da jovem República, tinha como um dos seus principais mensageiros um certo Moses Hayes, um homem de negócios Tory, que viajou entre todos os Estados, levando instruções e mensagens do Rito Escocês. Hayes recusou-se a fazer o juramento de lealdade quando a guerra eclodiu. O muito poderoso First National Bank of Boston foi fundado por Hayes, Arthur Hayes Sulzberger e John Lowell, sob o nome "Bank of Massachusetts". Os Sulzbergers passaram a gerir o *New York Times* como proprietários nominais, mas não reais. O longo e vil registo de antiamericanismo do The *New York Times* é demasiado conhecido para se deter aqui.

A traição activa e séria planeada pelo Rito Escocês começou seriamente na América com uma patente dada a Augustin Prevost, membro da nobreza negra suíça que era inimigo da República, e que tinha o título maçónico de "Príncipe do Segredo Real". Ao longo da nossa história, a nobreza negra suíça e veneziana enganaram-nos, fazendo tudo o que podiam para minar e destruir a jovem nação, que viam como uma ameaça para a velha ordem europeia. A família Lombard, espancada e quase arruinada no século 14, foi ajudada a ressurgir pelos "benevolentes Maçons", nomeadamente o Maçoneiro da Nobreza Negra, Conde Viterbos de Veneza.

As famílias Viterbo e Lombard revitalizaram o poder e prestígio de Veneza, e a dinastia bancária Lombard continuou durante centenas de anos a lutar contra a América Republicana. Os Viterbos reviveram Veneza ao conquistarem o Império Otomano, que foi então dividido entre eles e os seus amigos familiares. A família negra nobre veneziana Lonedon organizou a 'conversão' de Inácio Loyola, que de repente se arrependeu e fundou a ordem jesuíta. Os Jesuítas foram e são uma organização de recolha de informações da Maçonaria, da Nobreza Negra, das famílias Pallavicini, Contarini, Luccatto e do estabelecimento liberal da Costa Leste americana. Foram os Jesuítas que escreveram a carta pastoral do bispo católico condenando o nosso dissuasor nuclear como parte dos 300 anos de guerra da Maçonaria contra a Igreja Católica e os Estados Unidos.

Um dos principais guerreiros da maçonaria foi Vernon Walters, o desordeiro e embaixador do Presidente Reagan na ONU. Walters era um membro proeminente da Loja Maçónica P2 italiana. Pergunto-me se o Presidente Reagan alguma vez questionou Walters sobre o seu papel em nome de P2 no movimento Naxalite (1960 - 1970). Não menos intrigante do que Walters foi William Sullivan, que desempenhou um papel no derrube do Presidente Marcos das Filipinas. Foi Sullivan que pediu ao Congresso que não fizesse pagamentos atrasados ao governo filipino pelo aluguer dos aeródromos de Clark e Subic Bay.

Noto que Sullivan não pediu ao Congresso para suspender os pagamentos a Cuba pela base naval da Baía de Guantanamo, nem protestou contra o fluxo de drogas provenientes de Cuba. Sullivan não mencionou o maior campo de treino terrorista do Hemisfério Ocidental localizado em Cuba na altura, uma instalação que anula os campos de treino na Líbia e na Síria.

Tanto Walters como Sullivan estavam sob o controlo da ultra-secreta Ordem Maçónica, a "Ordem de Sião", que toma decisões cruciais em nome dos membros do Conselho Supremo do Rito Escocês que operam no seio de vários governos. Ao longo da nossa história secreta, a força maligna dos Maçónicos-Jesuítas dominou o nosso aparelho de decisão, e isto é certamente tão verdadeiro hoje como durante a Revolução Americana e a Guerra Civil.

Reagan estava totalmente sob o domínio da maçonaria, actuando sob ordens do CFR. Existem vários livros muito importantes sobre o Rito Escocês, muitos dos quais são boas fontes de informação:

No topo da minha lista está *The History of the Supreme Council of the Members of the 33 Degree, Masonic Jurisdiction of the Northern United States and its* Background, por Samuel Harrison Baynard; *History of the Supreme Council, Southern Jurisdiction, 1801-1861*; e

Eleven Gentlemen from Charleston: Founders of the Supreme Council, Mother Council of the World, ambos escritos por Ray Baker, e publicados pelo Supreme Council of the 33 Degree of the Ancient and Accepted Scottish Rite à sua própria custa.

Baker foi o historiador reconhecido do Rito Escocês na América, e segundo ele, o Rito Escocês foi criado por comerciantes judeus e líderes religiosos judeus, que trouxeram a patente de França em 1760, após o que foi aplicada em Charleston e Filadélfia. Contudo, de acordo com outros historiadores, os judeus não estão autorizados a tornar-se membros do rito escocês. Acho isto muito difícil de acreditar, e considero-o uma cortina de fumo em torno da questão de quem realmente fundou o Rito Escocês nos Estados Unidos. O Rei Salomão figura proeminentemente nos rituais maçónicos, e eu sei que ele era da fé judaica, bem como um dos seus grandes mágicos. Sabemos também que muitos dos rituais maçónicos se baseiam nos ritos mágicos judaicos praticados por Salomão.

CAPÍTULO 12

O HISTORIADOR JOSEPH SOBRE ALVENARIA

O famoso historiador Josefo afirma que um livro de feitiços e encantamentos usado nos ritos maçónicos foi escrito pelo Rei Salomão. O livro *A Chave de Salomão*, que Josephus diz ter sido escrito por Salomão, é também amplamente utilizado na maçonaria. Qualquer que seja a ligação entre o rito escocês e o judaísmo, sabemos que alguns membros da oligarquia britânica a adoptaram.

Um dos principais actores da maçonaria nos Estados Unidos foi Augustin Prevost, que já mencionámos, cujos soldados saquearam a Carolina do Sul durante a Guerra da Independência americana. Prevost foi Grande Mestre da Loja da Perfeição, estabelecida por Francken, um dos grupos mercantes judeus que mencionei anteriormente.

Foi Francken que transmitiu a patente do Rito Escocês a Augustine Prévost, que ordenou então a um oficial maçónico do exército britânico que estabelecesse um alojamento em Charleston. Um dos familiares de Augustine Prévost, o Coronel Marcus Prévost, foi responsável pelo recrutamento de "Lealistas da Coroa" para combater os colonos.

Entre os "lealistas" encontram-se os antecedentes de muitos membros do establishment liberal da Costa Leste, incluindo

traidor McGeorge Bundy, um dos mais activos apoiantes
da oligarquia e realeza europeias que temos hoje na cena
política, um homem cuja lealdade para com os Estados
Unidos é altamente questionável. Os Prevosts suíços podem
não ser bem conhecidos porque os nossos livros de história
não dizem muito sobre eles.

Outro Prevost, Sir George Prevost, foi estreitamente aliado
de Albert Gallatin, o espião da época suíça enviado para
destruir a América a partir de dentro. Sir George comandou
uma força de invasão britânica que em 1812 saqueou
Washington e incendiou a Casa Branca. Sem dúvida que os
sangues azuis de Boston não gostam de ser lembrados dos
erros britânicos, que poderiam estragar a "relação especial"
se demasiados americanos ficassem a saber deles.

A Loja Mãe do Mundo em Charleston estendeu a patente
do Rito Escocês à França em 1804, à Itália em 1805, à
Espanha em 1809 e à Bélgica em 1817. Um dos "Onze
Cavalheiros de Charleston" foi Frederick Dalcho, que
ocupou um cargo na Igreja Episcopal naquela cidade e foi
o líder do "Partido Inglês" na Carolina do Sul. Nada mudou
muito desde o tempo de Dalcho: o ramo americano da Igreja
de Inglaterra está repleto de maçons de rito escocês.

Há pouco mencionei a alegação de que os judeus não são
admitidos ao rito escocês. Um notável membro judeu do
Rito Escocês foi John Jacob Astor, que iniciou a sua carreira
maçónica em Nova Iorque, servindo como Tesoureiro da
Grande Loja de Nova Iorque. Foi Astor quem deu ao traidor
Aaron Burr, um maçon de 33 graus,

$42,000. Com este dinheiro, Burr conseguiu escapar após o
assassinato de Alexander Hamilton com a ajuda de um

maçon judeu de alta patente, John Slidell de Nova Iorque.

Slidell instalou-se em Charleston e Nova Orleães, onde adoptou os modos de um cavalheiro do Sul. Estava intimamente associado a Aaron Burr. Os dois homens chocaram uma conspiração para tomar o Louisiana com a ajuda de alguns jesuítas em Nova Orleães, mas a conspiração falhou quando foi descoberta por patriotas leais aos Estados Unidos. Na altura da sua traiçoeira tentativa de desmembrar a União, Slidell ocupava uma posição importante no governo. Foi apoiado por todo um grupo de companheiros maçons. Na sua época, existiam centenas de Maçons Livres no governo americano. É duvidoso que Vernon Walters e George Shallots considerassem o seu juramento maçónico compatível com o juramento de lealdade para com os Estados Unidos. Como Cristo disse, "Nenhum homem pode servir dois senhores".

Para aqueles que acreditam no yoga, é interessante notar que a Maçonaria promove-o como um método de abrandar e parar o fluxo de pensamento. A Maçonaria não gosta que as pessoas pensem. Esta informação foi dada ao Satanista Alastair Crowley pelo seu protegido Alan Benoit, que a obteve do famoso historiador maçonista Eckenstein.

Os rituais maçónicos abaixo do quarto grau baseiam-se livremente no ensino do yoga, mas dentro do Conselho Supremo da Maçonaria, o yoga não é ensinado ou seguido de forma alguma. Os Conselhos Supremos têm alguns segredos de verdadeiro interesse para o mundo normal. Sabe-se que Mazzini e Pike comunicaram por telégrafo sem fios muito antes de Marconi "o ter inventado". Outro segredo surpreendente mantido pelos membros eleitos do Conselho Supremo é como fazer prata e transformá-la em ouro.

Esta fórmula foi demonstrada a Lord Palmerston (pai do primeiro-ministro inglês) e a Lord Onslow, um maçon de 33 graus, por um inglês chamado Price. O preço alegou ter recebido a fórmula secreta "dos espíritos". Ele provou a sua pretensão derretendo mercúrio com pó branco sobre uma chama forte.

A mistura foi testada por peritos e considerada como sendo de prata pura. A prata foi então derretida sobre a chama e foi adicionado um pó avermelhado. Foram lançados vários lingotes. Especialistas em prata e ouro, presentes em todos os momentos, examinaram o novo produto de muito perto e, depois de o testarem no local, declararam-no como sendo ouro puro. O segredo permanece profundamente escondido pelo funcionário eleito do Conselho Supremo do Rito Escocês. Quanto ao Price, diz-se que ele "cometeu suicídio ao beber cianeto".

Foi realmente suicídio ou envenenamento? Será que o Price cometeu um erro fatal ao provar as suas reivindicações a Lord Palmerston, como parece altamente provável? A morte do preço não deve ser uma surpresa, pois os seguidores da maçonaria sempre foram mais destruidores do que criadores.

A indústria siderúrgica americana é testemunha disso mesmo. O Conde Guido Colonna não é um nome doméstico na América. Entre as centenas de milhares de trabalhadores siderúrgicos desempregados, poucos terão ouvido falar dele. Este Colonna é um maçon da nobreza negra, que conspirou com um membro da nobreza negra francesa, o Conde Davignon, para destruir a indústria siderúrgica americana. O sucesso desta conspiração pode ser julgado pelas siderurgias ferrugentas e silenciosas que pontilham os estados do norte. Quem deu a ordem para prosseguir com o plano de demolição?

A resposta é o Guelphs, mais conhecido como a Casa de Windsor. Os Guelphs são a pedra angular da oligarquia mundial.

Se levamos a sério a necessidade de parar a destruição das nossas indústrias, devemos começar pelo topo com os Guelphs, especialmente os Guelphs ingleses, que operam através do Ritual Escocês da Maçonaria. A importância única desta antiga família é totalmente ignorada nos estudos sobre "o que está errado com a economia americana".

Os Windsors dominam a Grã-Bretanha e o Canadá, que não são mais do que os seus feudos pessoais. A força dos Windsors reside no seu controlo das matérias-primas do mundo e na sua impressionante capacidade de despojar os países destas matérias-primas. Se fizer uma pequena pesquisa, descobrirá que o fazem no Canadá com madeira, óleo e peles.

Na África do Sul é ouro e diamantes através dos ladrões Oppenheimer Anglo American; no Zimbabué (antiga Rodésia) é minério de crómio (o mais puro do mundo) através da Lonrho, uma empresa propriedade de uma prima de Elizabeth, a rainha de Inglaterra; e na Bolívia é estanho, através da empresa Rio Tinto. (Ver *The Committee of 300* para mais detalhes).

Os Windsors (Guelphs) não se importam com quem detém o poder político num país. Com a excepção da Rússia, todos os titulares de escritórios são iguais para eles. Ainda mantêm o controlo sobre os recursos naturais da maioria dos países. O príncipe Philip dirige as operações de vários grupos "ambientais", que são veículos finamente disfarçados para manter os "estrangeiros" fora das reservas de matérias-primas da Windsor. Este "conservacionista", presidente do Fundo Mundial para a Vida Selvagem, não tem dúvidas quanto a matar 1000 faisões num fim-de-semana!

O Grupo Hambros tem biliões de dólares em receitas para os Windsors. O Grupo Hambros mantém a sua forte posição através de uma rede de corretores de bolsa maçónicos. Outras empresas geridas pelos maçons são: Shearson, Amex, Bear Stearns e Goldman Sachs, todos sob o guarda-chuva do Grupo Hambros, que é controlado em última instância pelo Windsor Guelphs da nobreza negra veneziana.

Os Guelphs têm sido associados à maçonaria há centenas de anos. As suas ligações com a Inglaterra começaram com a dinastia veneziana do Corso Donati em 1293.

CAPÍTULO 13

A GUERRA CIVIL AMERICANA FOI OBRA DA MAÇONARIA

Do princípio ao fim, a terrível Guerra Civil Americana foi obra da Maçonaria. O relato dos Maçons não aparece em nenhum dos nossos livros de história, por razões óbvias. As famílias anglófilo, que não se juntaram aos colonos na guerra contra a Grã-Bretanha, instalaram-se na Nova Escócia, de onde ajudaram os britânicos durante toda a Revolução Americana. Mais tarde, regressaram aos Estados Unidos e continuaram a tradição de ajudar a conspiração Maçónica Britânica contra a América Republicana, que culminou com a Guerra Civil.

Neste cruel desastre, a América perdeu 500.000 homens, mais do que as nossas perdas nas duas guerras mundiais juntas. A Guerra Civil foi uma conspiração oligárquica britânico-europeia para dividir o país em estados em guerra e depois recuperar o que tinham perdido na Revolução Americana. Foram habilmente apoiados neste esforço por uma série de traidores "americanos". O nefasto Estabelecimento Liberal poderia ter tido sucesso e os Estados Unidos não existiriam hoje em dia sem o notável trabalho dos patriotas americanos Clay e Carey.

Temos de aprender esta lição com a história, mesmo que ela não apareça no trabalho do historiador Charles Beard. A Maçonaria nunca desistiu depois de perder a guerra contra os colonos. As coisas chegaram ao fim em 1812, após um longo período durante o qual a marinha britânica apreendeu navios americanos e aprisionou milhares de marinheiros americanos. Os Kissingers do dia disseram que não havia nada que a América pudesse fazer a esse respeito, e tinham razão. O inimigo mortal da maçonaria suíça, Albeit Gallatin, tinha cortado o nosso orçamento de defesa, deixando-nos sem verdadeira marinha. Armados com duas derrotas nas mãos da jovem República em menos de 150 anos, os britânicos voltaram-se novamente contra os EUA, vendendo os seus motores a jacto centrífugos Derwent à URSS para instalação nos aviões de combate MIG 15, que foram utilizados para bombardear e bombardear as tropas americanas na Coreia. Sem o motor Derwent, os soviéticos teriam levado pelo menos quinze anos a construir um caça a jacto.

Tal como hoje existem aqueles de nós que desconfiam profundamente da "relação especial" entre os Estados Unidos e a Grã-Bretanha, tendo visto o que ela fez ao nosso país, também nos dias do Essex Junto houve patriotas que viram através das tramas e esquemas da maçonaria britânica. Eles tentaram expor a traição de Caleb Cushing e John Slidell.

Advertiram contra as políticas económicas de "comércio livre" da época, as mesmas que permitimos a Milton Friedman vender à administração "conservadora" Reagan.

O comércio livre é uma conspiração inventada pelos Maçons britânicos para destruir a nossa economia. É tempo de recuar a cortina sobre a história da traiçoeira nobreza negra veneziana ligada aos ritos escoceses, tais como os piratas Sam e George Cabot e os Pickerings, que fizeram fortuna com a dupla miséria do comércio do ópio e dos escravos.

Os antepassados de McGeorge Bundy eram comerciantes de escravos. Foi o Maçon John Jacob Astor que permitiu que os Pickerings entrassem no enormemente lucrativo comércio de ópio na China. A verdade precisa de ser dita sobre todo o ninho de víboras que torcem dentro da Companhia Britânica das Índias Orientais, Loring, Adam Smith e David Hume. Foi Loring que roubou as rações dos americanos feitos prisioneiros pelos britânicos durante a Revolução Americana, que depois vendeu ao exército britânico com um lucro enorme, deixando os prisioneiros americanos a morrer à fome em terríveis navios-prisão.

Quando li pela primeira vez Mathew Carey's *The Olive Branch*, não pude acreditar no que estava a ler. Mas ao longo dos anos descobri que tudo o que Carey disse era verdade.

Outro livro que recomendo é *The Famous Families of Massachusetts (As Famílias Famosas de Massachusetts)*. Estas famílias famosas incluem os descendentes dos Lorings, os Pickerings e os Cabots, descendentes da rede maçónica originalmente criada neste país pelo oligarca francês Cabot e pelo Prevost suíço.

O Estabelecimento Liberal Anglófilo na Costa Leste é a fonte deste tipo de coisas. Poderia continuar com os nomes de família e a sua história, o que tem sido feito para esconder. A sua lealdade é para com as famílias reais e oligarquias europeias e britânicas através do Rito Escocês da Maçonaria. Podem conseguir negar a sua história, mas isso não altera o facto comprovado de que os seus laços estreitos com os centros da intriga maçónica foram comprovados.

Hoje estão em contacto indirecto com a Loja das Sete Irmãs em Paris. Esta Loja dirige uma vasta operação de contrabando de droga que atinge o coração das "cabeças coroadas da Europa". Eles acreditam, como Robert Holzbach, o chefe do rito escocês da União dos Bancos Suíços, que "a soberania não substitui a solvência".

Por outras palavras, o poder do dinheiro transcende todas as considerações. Holzbach é típico do poder do dinheiro que colocou o Velho Mundo contra a jovem República dos Estados Unidos. Holzbach trabalhou em estreita colaboração com a estalagem maçónica italiana P2, que foi criada para trabalhar para o regresso da Casa de Sabóia ao trono italiano. Graças à rede Scottish Rite-P2, a privacidade de ninguém está protegida. O governo dos EUA tem as suas ligações nestes círculos. A sua conta numerada num banco suíço pode já ser conhecida pelo governo dos EUA ou por qualquer outra parte interessada. Isto é geralmente conhecido, e é por isso que aqueles que têm dinheiro para se esconder já não se aproximam dos bancos na Suíça.

Aqueles de vós que pertencem à Igreja Episcopal na América, estejam conscientes de que o vosso Arcebispo, Robert Runcie, é membro do Conselho Supremo do Rito Escocês da Maçonaria. Se não fosse, nunca teria sido "aprovado" como Arcebispo por Elizabeth Guelph. Runcie é o homem de contacto pessoal da Rainha Isabel e do Conselho Mundial de Igrejas.

A influência considerável do Rito Escocês na nossa história passada e nas decisões importantes, nacionais e estrangeiras, tomadas por cada administração americana, pode ser medida em termos de danos para os melhores interesses do país. Tal como foi responsável pelo planeamento da Guerra Civil, o Rito Escocês da Maçonaria está a planear a Terceira Guerra Mundial. Se não fizermos um balanço das forças poderosas que dirigem os assuntos americanos, não importa quem ocupa a Casa Branca, não temos qualquer esperança de combater o inimigo. A única forma de frustrar os planos dos traidores do Ritual Escocês é expor as suas actividades.

Para tal, os nossos patriotas devem ser informados do que representa o rito escocês, e na verdade toda a maçonaria, nomeadamente o derrube da ordem existente e a destruição dos estados-nação, especialmente aqueles com constituições republicanas, a destruição da família e a destruição do cristianismo. Foi muito difícil para mim separar esta mensagem daquela que fiz sobre a influência das famílias oligárquicas e reais nos nossos assuntos. Recomendo-lhe também que obtenha um exemplar deste livro, *King Makers and King Breakers: The Cecils*, e que o utilize em conjunto com este livro sobre a Maçonaria.

CAPÍTULO 14

CONSPIRAÇÃO: UM GOVERNO MUNDIAL

Sobre um assunto tão vasto como a sociedade secreta conhecida colectivamente como a Ordem Maçónica Livre e vários outros nomes, não é possível lidar exaustivamente com as origens da Maçonaria. Portanto, o objectivo deste livro é fornecer material que o ajudará a compreender melhor os acontecimentos económicos e políticos que estão actualmente a abalar o mundo, destacando a ligação entre estes eventos satânicos destrutivos e a Maçonaria. Por favor, seja paciente, não pare aqui e escreva-me e diga-me que é membro de uma ou outra das muitas ordens maçónicas e que sabe que os maçons são uma bela sociedade filantrópica, que baniu questões políticas e religiosas das suas discussões e deliberações.

O problema é que os maçons de grau inferior nunca sabem o que os maçons de grau superior estão a fazer. A própria natureza da estrutura do movimento impede-os de saber. Isto torna relativamente fácil para a liderança de topo enganar a hierarquia sobre as acções, objectivos e intenções da maçonaria. E se por acaso um dos membros da ordem inferior gravitou até ao topo, jurou guardar segredo sobre a dor da morte e nunca revelar o que sabe aos irmãos inferiores ou a ninguém fora da ordem maçónica. Este juramento de silêncio é muito rigorosamente imposto. Tentarei evitar mencionar os muitos cultos e crenças religiosas associados à Maçonaria e ater-me a aspectos da maçonaria inglesa e americana.

De acordo com a maioria das autoridades sobre o assunto, a maçonaria inglesa foi criada em 1717 como corporações de maçons operacionais ou trabalhadores, e abriu as suas portas aos chamados maçons especulativos, ou seja, maçons não trabalhadores, criando assim um movimento combinado chamado as Grandes Lojas inglesas. Os antigos Maçons do Grémio já existiam há muitos séculos antes de 1717, mas eles não eram, repito, uma força política. Estavam apenas preocupados em fazer o seu ofício, ganhar a vida com o seu ofício e/ou profissão sob a forma de um atelier fechado, ou seja, preservavam os seus segredos da penetração exterior.

Os primeiros maçons, isto é, antes de 1717, tinham apenas três graus - Aprendiz, Companheiro e Mestre Mason. Na amálgama, os Maçons do Grémio permitiram grandes mudanças, sendo a primeira que o nome do Deus Cristão foi retirado do ritual, a Maçonaria Azul, como era chamada, era na altura um movimento virtualmente novo e isto pôs fim à cooperação com os Maçons Artesanais. Em suma, os Maçons especulativos não activos assumiram completamente o controlo e a ordem antiga desapareceu de cena.

Desta nova ordem nasceu uma nova ordem maçónica militante e revolucionária chamada o rito escocês. Enquanto proibia os rituais do Grande Oriente, ou seja, a maçonaria europeia, a maçonaria inglesa não proibiu o rito escocês e este ritual revolucionário assumiu, como um vírus mortal, o controlo de todas as células maçónicas em Inglaterra e na América para entrar no lugar do condutor de todas as alavancas do poder na sociedade.

A maioria dos membros da maçonaria inglesa permanecem no terceiro grau, geralmente desconhecendo os males perpetrados em seu nome nos graus superiores. Quando o nono grau é alcançado, a natureza revolucionária da maçonaria de rito escocesa é exposta a candidatos qualificados, pois este é o seu objectivo final: a subversão do estado através da maçonaria, tal como ensinada no grau 33, razão pela qual muitos 33 maçons de grau foram responsáveis pela dissolução dos governos existentes em muitos países.

Por exemplo, nas revoluções francesa e americana, na Guerra entre os Estados, e mais recentemente no Zimbabué, onde um maçon de 33 graus, Lord Somas, traiu o Zimbabué nas mãos de um tirano comunista, sob o termo fraudulento de "governo maioritário", e na capitulação total da África do Sul pelos maçons ao leme da Grã-Bretanha e dos Estados Unidos.

Somas foi um daqueles "homens determinados da maçonaria" descritos por Disraeli, o primeiro-ministro da Grã-Bretanha e um maçon, quando falou especificamente das lojas de rito escocês e do Grande Oriente dizendo:

> Há que ter em conta as sociedades secretas que podem desviar todas as medidas no último momento, que têm agentes em todo o lado, homens determinados a encorajar assassinatos, etc.

Não parece certamente a sociedade filantrópica que os maçons afirmam ser e, na verdade, não é. Coloca-se a questão: porque é que temos de ter sociedades secretas de qualquer maneira? A América foi fundada sobre princípios cristãos que afirmam claramente "que os homens preferem a escuridão à luz para que as suas más acções possam ser escurecidas". Esta é, creio eu, a verdadeira razão para as sociedades secretas; fundamentalmente, as suas acções são más. Não há outra explicação para a necessidade de sigilo! Não há necessidade de se deter na sociedade secreta que dirigiu a Revolução Francesa. Hoje, todos os historiadores concordam que foi o Clube Maçónico Jacobin.

Eis o que um notável Grande Mestre do Conselho Supremo dos Ritos Escoceses, Dominica Anger, tinha a dizer ao confirmar o 33 grau a maçons recém qualificados prestes a recebê-lo:

> Irmão, completou a sua formação como líder da Maçonaria. Faça o seu juramento supremo. Juro não reconhecer outra pátria que não seja a do mundo. Juro trabalhar em todo o lado e destruir sempre as fronteiras, os limites de todas as nações, de todas as indústrias, não menos do que de todas as famílias. Juro dedicar a minha vida ao triunfo do progresso e da unidade universal, e declaro que professo a negação de Deus e a negação da alma. E agora, irmão, que para ti país, religião e família desapareceram para sempre na imensidão da obra da Maçonaria, vem até nós e partilha connosco a autoridade sem limites, o poder infinito que temos sobre a humanidade. A única chave do progresso e da felicidade, as únicas regras do bem são os seus apetites e instintos.

Isso, em resumo, é a essência da Ordem Maçónica do Rito Escocês, que domina a maçonaria americana. Uma das coisas mais interessantes sobre o comunismo, a Maçonaria e os Jesuítas é que todos eles têm uma figura notável na história que os liga - Karl Marx, o homem que reivindicou os ensinamentos de Weishaupt como o seu "manifesto" original.

Marx defendeu ferozmente (e muitas vezes violentamente)

os Jesuítas ao longo da sua vida. Marx é o homem que faz a ligação. Marx também apoiou ardentemente a sociedade secreta dos Maçons, que creio ser um elo importante "negligenciado" por quase todos os historiadores. Este descuido é um processo deliberado. Não se pode negar que o socialismo é utilizado para promover o objectivo de um governo mundial, e é interessante notar que Marx, que odeia abertamente a religião, abraçou tão apaixonadamente o jesuítismo.

Ignatius Loyola fundou a Ordem dos Jesuítas a 5 de Abril de 1541, que foi posteriormente endossada pelo Papa Paulo XI. A Ordem é algo maçónica na medida em que consiste em seis postos ou graus, sendo o chefe da Ordem conhecido pelo seu posto militar, ou seja, um General, que exige lealdade absoluta e inquestionável de todos os Jesuítas e que, por sua vez, assume o poder absoluto sobre todos os Jesuítas em todos os assuntos. O General tem o poder de admitir abertamente ou em segredo pessoas que não são membros da Sociedade. Os superiores e reitores são obrigados a informar semanalmente o General sobre todas as pessoas com quem tenham tido relações ou contactos. Os Jesuítas são um poderoso contra-poder para o Papa, uma força que nunca hesitaram em usar, como no caso da Inquisição, da qual os Jesuítas se distanciaram tanto quanto possível. Os papas sempre encararam os jesuítas com suspeita, tanto que em 1773 a ordem foi banida. Desafiando o Papa, Frederico II da Prússia protegeu os jesuítas para os seus próprios interesses.

Caso algum leitor se oponha à ligação feita entre os Jesuítas e a Maçonaria, deixe-me dizer aqui que uma das melhores autoridades sobre o assunto é provavelmente Heckethorn, e passo a citar o que ele disse:

Há uma grande analogia entre os graus de maçonico e jesuíta; e os jesuítas também pisaram o sapato e descalçaram o joelho porque Ignatius Loyola assim se apresentou em Roma e pediu a confirmação da ordem.

Não contentes com a confissão, a pregação e a instrução, pelas quais tinham adquirido uma influência sem precedentes, formaram várias congregações em Itália e França em 1563, ou seja, reuniões clandestinas em capelas subterrâneas e outros locais secretos. Os segregacionistas tinham uma organização sectária com catecismos e manuais apropriados que tinham de ser abandonados antes da morte, razão pela qual restam muito poucos exemplares.

Os Jesuítas procuraram ajudar a Nova Ordem Mundial, apoiando fortemente pessoas revolucionárias como Karl Marx, que por sua vez defendeu ferozmente os Jesuítas, como disse anteriormente. Outros notáveis que defenderam o Jesuitismo e a Maçonaria foram Adam Smith, o espymaster britânico das Índias Orientais, que foi utilizado para promover falsas teorias económicas, e o seu co-conspirador, Thomas Malthus. Ambos foram protegidos do maçon do rito escocês, o Conde de Shelburne, que fomentou as Revoluções Francesa e Americana. Na verdade, o que todos estes homens, incluindo Marx, estavam a defender era o feudalismo, que foi destruído para sempre pela Revolução Americana.

Jeremy Bentham, um satanista adorador do diabo do calibre de Albert Pike, opôs-se ao republicanismo, tal como todos os Maçonsons e conspiradores jesuítas de hoje. As famílias rentier que governaram o mundo na época de Bentham viram um perigo na liberdade do homem através de uma forma republicana de governo, e por isso decidiram usar todos os meios à sua disposição para anular os grandes benefícios derivados da Revolução Americana. Esta luta com a Maçonaria continua até hoje em 2009, mas está agora na sua fase final. É significativo que os líderes da One World Order Conspiracy sejam principalmente Maçons e, em alguns casos, Jesuítas como Brzezinski, que é também um Aquariano. (Um membro da Conspiração Aquariana) Estão na vanguarda da luta para derrubar a República Americana, algo absolutamente odiado pela Nobreza Negra da Europa e pelos chamados aristocratas da América.

As famílias da Nobreza Negra vivem em Itália (Veneza, Génova e Florença), Suíça, Grã-Bretanha e Baviera. É aqui que se encontram os seus principais membros e de onde todos os tipos de crimes contra a humanidade têm sido planeados e executados desde o século XIV.

CAPÍTULO 15

UMA VISÃO GERAL DO KARL MARX

Karl Marx foi de facto uma criação de uma destas antigas oligarquias e proclamou que a União Soviética era uma oligarquia. Estas oligarquias incluíam os Estados Unidos e declararam o republicanismo como sendo um inimigo mortal, a ser eliminado por todos os métodos disponíveis.

Embora Pike se tenha declarado totalmente contrário a um sistema republicano com princípios democráticos. Um destes métodos é o fanatismo religioso, associado à penetração de cultos e ordens religiosas. E não é apenas uma forma republicana de governo que eles querem ver destruída. Desejam ver todos os Estados Unidos regressar a um sistema feudal no qual os "nobres aristocratas" do Estabelecimento Oriental têm plenos poderes ditatoriais.

Não conheci um único escritor na "cultura da conspiração" americana que tenha explicado satisfatoriamente o feudalismo. Aqueles que escreveram sobre o assunto apenas demonstraram a sua falta de conhecimento do seu verdadeiro significado. É com este espírito que me atrevo a expandir o feudalismo, uma vez que se relaciona directamente com a maçonaria.

Durante a Idade das Trevas que governou a Europa durante séculos, o indivíduo encontrava-se indefeso. A preservação da vida foi o factor principal, e os homens comprometeram-se em total servidão aos mais fortes entre eles, que em troca os protegiam daqueles que os atormentavam. Homens fortes comprometeram-se a homens ainda mais fortes, e daí nasceu o sistema feudal. Os homens alistaram-se para servir no exército do grupo mais forte por períodos de tempo definidos - digamos 50 dias por ano.

Isto levou à emergência de uma classe guerreira que se tornou a nobreza. Precisavam de armas, cavalos e lugares fortificados para se protegerem, o que foi possível graças à mão-de-obra "livre". As praças fortificadas evoluíram de paliçadas para edifícios de pedra sólida, impondo na sua concepção e execução.

Esperava-se que os pedreiros, pedreiros, ferreiros e metalúrgicos dessem o seu trabalho gratuitamente para construir estas super-estruturas. A principal fonte de riqueza era a terra e o trabalho daqueles que a trabalhavam para produzir bens que se traduziam em riqueza. A condição do servo mudou muito pouco ao longo dos séculos, alguns tornando-se gradualmente rendeiros enquanto faziam pagamentos ao senhorio do casarão. Nem ele nem a sua família podiam casar sem a permissão do senhor do casarão, o que geralmente significava pagar um imposto. Ele nunca foi um homem livre.

A barreira sempre presente à sua liberdade foi a lei que o obrigou a permanecer onde estava. Por outras palavras, não lhe foi permitido mover-se. Quando ele morreu, os seus melhores animais de quinta foram para o senhor do casarão. Albert Pike e os seus companheiros maçons prometeram "liberdade total" a qualquer pessoa que se tornasse membro da Maçonaria.

Contudo, o melhor amigo e colaborador de Pike foi Giuseppe Mazzini (1805-1872), o líder maçónico italiano que não podia tolerar o sistema capitalista industrial. Mazzini era um satanista e também um padre jesuíta!

Mazzini foi o fundador da Young Europe League, que logo abriu uma filial na América chamada Young America. Karl Marx foi um dos primeiros membros dos movimentos radicais da Maçonaria Mazzini a partir de 1840, por isso é bastante claro que a Maçonaria criou Karl Marx como uma figura revolucionária em defesa dos trabalhadores, a fim de o utilizar como um clube para espancar o capitalismo industrial até à morte. Mazzini, o apoiante jesuíta da Maçonaria, lançou de facto a carreira de Karl Marx contra o capitalismo ao reunir notáveis maçons comunistas e ao fundar a radical "Associação Internacional dos Trabalhadores".

A partir daí, Karl Marx raramente escapou aos olhos do público. Marx só desenvolveu o seu ódio ao capitalismo industrial depois daquela fatídica reunião em Londres, na qual foi fundada a Liga Internacional dos Trabalhadores, da qual Marx emergiu dizendo:

> Estou determinado a esmagar todos os movimentos políticos de capital industrial onde quer que os encontre.

Marx também disse:

> Todo o mal deve ser imputado ao desenvolvimento do capital industrial.

Marx nunca deixou de pregar este tema. Espero que o leitor possa discernir o quanto sofremos com a duplicidade da maçonaria e do jesuítismo. Ambos os movimentos ainda estão em guerra com os Estados Unidos.

Isto fazia parte das intenções anunciadas pelos maçons de alto nível como Pike e Mazzini; derrubar a ordem existente, que Weishaupt se propôs a fazer em 1776, e ordenou aos Illuminati que o fizessem. A palavra "imperialismo" foi cunhada na International Working Men's Association e começou a ser usada com bastante frequência a partir de 1890. Porque a América se tornou a maior nação industrializada do mundo e devido ao seu incrível potencial de crescimento, os EUA tornaram-se a nação mais odiada, especialmente por causa da sua forma única de governo republicano. As famílias da oligarquia americana têm feito tudo para manter um tal clima de ódio. Muito do que Marx chamou de "americanismo feio" ganhou terreno em todo o mundo. É claro que ninguém pensou em apontar que as ideias de Lenine eram tão próximas de um sistema imperialista quanto possível, sendo o comunismo nada mais do que um sistema de capitalismo estreito baseado na oligarquia. Nunca foi um verdadeiro comunismo e não é agora um comunismo. É simplesmente um capitalismo de natureza monopolista brutal que leva ao poder total nas mãos de poucos homens.

CAPÍTULO 16

VOLTAR À HISTÓRIA

Quando eu era um jovem estudante, li a história de Augustus Caesar por Tacitus. Estava cheio de admiração. Pensei certamente que o povo romano poderia compreender quão decadente eles eram e que Roma iria desaparecer em breve. Porque é que ninguém fez nada para impedir a queda de Roma? Porque não vimos na América que a América estava a deteriorar-se? Certamente que o povo deve ver que o Estabelecimento Liberal Oriental e a sua aliança com a oligarquia britânica estão a arruinar este país.

Será que as pessoas devem compreender que estamos nos últimos anos da mais maravilhosa República que o mundo já conheceu? A resposta é que o povo americano não é diferente dos romanos. Eles não vêem tal coisa! Também não querem ser incomodados por pessoas como eu a tentarem apontar isso. "Deixa-nos em paz", dizem eles. "A América não é a Roma antiga. Temos a nossa Constituição. Somos fortes. Não seremos derrotados".

É precisamente essa a questão. Porque você, o cidadão americano, tem uma Constituição, o Estabelecimento Oriental vê-o como uma ameaça que deve trabalhar noite e dia para eliminar. E o que aconteceu à nossa Constituição, o maior documento após a Bíblia? Foi espezinhado e posto de lado!

Direi firmemente que fui o único a chamar a atenção para a ligação entre a Guerra das Malvinas e o Estabelecimento Oriental. Fui também o primeiro, e durante muito tempo, o único a escrever sobre o Clube de Roma, Felipe Gonzales, o relatório Global 2000 e o multiculturalismo, tal como a Nova Era de Aquário. Hoje em dia, estes nomes são publicados em muitas publicações de direita, mas durante quase dez anos, a única informação sobre estes nomes veio dos meus arquivos.

A Guerra das Malvinas foi uma guerra travada e em nome da nobreza negra britânica e de Elizabeth Guelph, a Rainha de Inglaterra. A América não tinha o direito de ajudar estes inimigos da verdadeira liberdade a triunfar sobre os argentinos. No entanto, fornecemos aos britânicos todo o apoio concebível em armas e sistemas de alívio. Ao fazê-lo, sujámos o nosso próprio ninho, sem saber que John Quincy Adams escreveu a famosa Doutrina Monroe para evitar tal evento.

A classe dominante do Estabelecimento Oriental, há muito associada aos seus homólogos britânicos, de facto rasgou a Doutrina Monroe ao apoiar os agressores britânicos, alegando de facto que, com o seu ódio à nossa República, eles sabem o que fazer com documentos como a Doutrina Monroe, e fizeram-no durante a Guerra das Malvinas, despejando desprezo e ridicularização nas suas páginas, sob a presidência do Presidente "conservador" Reagan.

Ao desdenhar a Doutrina Monroe, o Estabelecimento Oriental, inimigo do povo americano e da sua grande República, também repudiou a vitória de 1812 sobre os britânicos pela pequena e inadequada Marinha dos EUA. Esta grande vitória naval americana ocorreu após o traidor nascido na Suíça, Gallatin (Secretário do Tesouro), ter feito tudo ao seu alcance para impedir a construção de uma Marinha americana. Gallatin esteve ao serviço da nobreza negra britânica, suíça e genovesa e das suas famílias de banqueiros rentistas e fez tudo o que pôde para estrangular e sufocar a jovem República americana. Gallatin era exactamente o oposto de John Quincy Adams e Benjamin Franklin.

Enquanto John Quincy Adams e Franklin serviam a América, Gallatin servia as antigas famílias feudais da Grã-Bretanha, Veneza, Génova e Áustria exactamente da mesma forma que os presidentes Wilson, House, Roosevelt Stimson, Knox, Bush, e Clinton serviam os conspiradores enquanto trabalhavam para derrubar a República Americana em favor de um governo despótico e escravo de um mundo só.

Voltemos à Guerra de 1812. Como resultado da extrema selvajaria exercida contra a sua frota mercante por navios de guerra britânicos e seus substitutos, os piratas da Costa da Barbária, a América finalmente declarou guerra aos britânicos - mas não ao Estabelecimento Oriental. A pequena marinha americana acabou por derrotar a poderosa marinha britânica. Finalmente, com a paz restaurada, o Tratado de Amizade, Navegação e Comércio cedeu as Ilhas Malvinas a Espanha e depois à Argentina.

Assim, os argentinos tinham título legal para as Ilhas Malvinas. No entanto George Bush, George Shultz e Alexander Haig, servos do Estabelecimento Oriental, ignoraram a memória daqueles corajosos americanos que derrotaram os britânicos pela segunda vez e, pela sua traição em ajudar os britânicos a invadir as Malvinas, rasgaram a Doutrina Monroe e mais uma vez escravizaram os Estados Unidos às rixas britânicas e europeias. E foi o

Presidente Reagan quem presidiu a esta profanação.

Sim, excortámos os nomes dos nossos heróicos estadistas, John Quincy Adams e o Presidente Monroe. Não só permitimos que uma força britânica beligerante entrasse no nosso hemisfério, como os ajudámos a derrotar uma nação amiga com a qual tínhamos assinado um tratado. Se há alguém que ainda não acredita que os britânicos controlam a América, peço-vos que reconsiderem cuidadosamente não só o que fizeram à Argentina, mas também o que fizeram ao nosso próprio país, os Estados Unidos. Os responsáveis pela violação da Doutrina Monroe deveriam ter sido julgados por traição e punidos se fossem considerados culpados.

Eles traíram tudo o que a República dos Estados Unidos representava quando deixaram os britânicos entrar no nosso hemisfério! Foi o que aconteceu. Alguém poderia ter visto o que estava a acontecer? Alguém poderia tê-lo impedido? Somos tão cegos como eram os romanos?

A resposta no segundo caso é que ninguém na América, incluindo o nosso Presidente, é suficientemente forte para impedir a Puta da Babilónia, o poder monetário do Estabelecimento Oriental, de fazer exactamente aquilo que os seus mestres europeus lhe ordenam! Estamos a ser transportados por uma maré em rápida ascensão, impelidos a um ritmo acelerado para o dia fatal em que seremos esmagados por um governo mundial único. Não há como parar esta maré furiosa e apressada! Mesmo aqueles como eu que escrevem sobre isto há anos e sabem exactamente o que está a acontecer, pouco podem fazer para parar a tragédia. Tão certo como Roma caiu, a América cairá.

Estamos a entrar nos últimos anos da nossa República. Mas poucos o percebem, como afirma Tácito, nem César Augusto nem ninguém mais notou que Roma estava a cair.

Os principais arquitectos do nosso declínio são os Maçons Jesuítas e as suas ligações entrelaçadas com o Estabelecimento Oriental Americano e os nobres negros britânicos, venezianos, genoveses e suíços. A trama da Sra. Thatcher e de Henry Kissinger para trair a América através dos seus negócios secretos com Moscovo provou-o.

Caso pensem que a minha crença na existência de acordos secretos entre o Estabelecimento Oriental e a URSS é irrelevante, deixem-me dizer-vos que um dos piores traidores da história da República Americana, McGeorge Bundy, um chamado traidor de "sangue azul", estabeleceu um dos primeiros institutos deste tipo, o Instituto Internacional de Análise de Sistemas Aplicados, em colaboração com o agente da KGB Alexei Dzhermen Gvishiani, que por acaso era genro do falecido Primeiro-Ministro Alexei Kosygin (1904-1980). McGeorge Bundy é um forte apoiante da doutrina fatal dos Maçons Malthusianos, que está agora a matar as economias das nações ocidentais. McGeorge Bundy é membro da Ordem Escocesa dos Maçons Escoceses, tal como era Kosygin.

McGeorge Bundy desempenhou um papel de liderança na oposição a todos os esforços americanos para alcançar a paridade nuclear com a União Soviética e, juntamente com os participantes na Conferência de Desarmamento de Pugwash, quase todos eles Maçons Livres, causaram danos inestimáveis às capacidades de defesa da América. Juntamente com Kissinger, Bundy aliou-se aos promotores Pugwash do SALT, que ele sabia que acabariam por enfraquecer a América.

Tanto McGeorge Bundy como Kissinger venderam às mesmas famílias negras suíças, alemãs e britânicas nobres que lutaram contra Washington na Revolução Americana e na Guerra de 1812, mesmo quando a nobreza negra Maçonaria continua a lutar contra a República Americana.

Onde é que McGeorge Bundy, Kissinger, Harriman, Rockefeller, Cabot, Lodge, Bush, Kirkland (o actual líder sindical, cujo tataravô disparou o primeiro tiro contra Fort Sumter para começar a destruição da República), os Lowells, os Astors, e todas as famílias do Estabelecimento do Leste obtiveram as suas crenças e ideias anti-Republicanas?

A resposta a esta pergunta é suficientemente fácil: o Conde de Shelburne (William Petty, 1737-1805), chefe dos Serviços Secretos Britânicos e espião mestre, e talvez o mais importante, chefe da fanática e ultra-secreta Ordem Escocesa da Maçonaria! A este respeito, vemos novamente o papel vital desempenhado pela Maçonaria na formação não só dos assuntos dos Estados Unidos, mas de todo o mundo à medida que avança para uma sociedade chamada "um governo mundial".

Quem foi este mestre conspirador, este Shelburne, que governou os corações, mentes e filosofias das famílias eminentemente respeitadas do "dinheiro velho" em Boston, Genebra, Lausanne, Londres, Génova e Veneza, que se tornaram incrivelmente ricos através do comércio do ópio e da escravatura: refiro-me às famílias William Pitt, Mallet e Schlumberger. Shelburne dominou certamente os corações e mentes de todo o Estabelecimento Liberal Oriental e de muitas, muitas outras famílias ditas proeminentes e influentes.

Mencionei pela primeira vez Lord Shelburne nos meus escritos há cerca de vinte anos. Na altura, nenhuma publicação ou autor de direita se tinha referido ao sangue azul britânico autocrático que liderou a oposição à Revolução Americana.

Shelburne era, antes de mais, um maçon de rito escocês com fortes ligações aos Jesuítas em Inglaterra, França e Suíça. Ele não foi apenas o controlador de William Pitt, o Primeiro-Ministro britânico, mas também dos terroristas Danton e Marrat e dos traidores do East Establishment liderados por Aaron Burr, bem como de Adam Smith, o espião britânico das Índias Orientais que se tornou economista, e de Malthus, cuja maré de conceitos errados está a arrastar as economias do Ocidente para a perdição.

CAPÍTULO 17

O CHEFE DA MAÇONARIA LIVRE SHELBURNE

Lord Shelburne é o homem que mais fez para destruir os benefícios que a humanidade recebeu como resultado da Renascença do século 15, e o homem que mais traiu os ideais cristãos tal como ensinados por Cristo, os nossos ideais políticos sociais e morais, e os nossos conceitos de liberdade individual tal como encarnados na Constituição.

Em suma, Shelburne é o pai quase histórico da revolução, da escravatura e da nova era negra que conduz a uma ordem mundial única. Shelburne odiava e detestava a Renascença. Era definitivamente um fã de interesses especiais que acreditava que o homem comum estava apenas na Terra para servir a classe alta, à qual Shelburne pertencia. Também odiava o capitalismo industrial e era um ardente defensor do feudalismo, um exemplo quase perfeito para Karl Marx seguir.

Além disso, foi William Petty quem fundou a três maldita Royal Society em Londres, o precursor do Royal Institute for International Affairs, que controla a política externa americana, o Council on Foreign Relations em Nova Iorque. Tanto a Royal Society em Londres como os seus descendentes, o Royal Institute for International Affairs e o Council on Foreign Relations em Nova Iorque baseiam-se nos escritos do estudioso maçónico Robert Fludd e do

Rosacrucianismo jesuíta.

Outros Maçons que controlavam a Sociedade Real foram Elias Ashmole e Lord Acton, ambos muito no topo da liderança maçónica. Estes homens, juntos e separadamente, controlavam as acções do Primeiro Ministro britânico William Pitt e John Stuart Mill, Lord Palmerston e mais tarde homens como H.G. Wells e John Ruskin (sendo Ruskin o mentor de Cecil Rhodes e Lord Alfred Milner), bem como os Maçons Livres que lideraram os Jacobins na eclosão da infame Revolução Francesa.

Foi Lord Milner quem lançou a guerra selvagem dos bôeres, lançando o poder do exército britânico contra as pequenas repúblicas dos camponeses bôeres. Ele, tal como Shelburne, odiava o republicanismo. Estes notáveis Maçons causaram devastação incalculável, miséria, dor e sofrimento, e caos económico em todas as nações, mas não esqueçamos que foi William Petty, Conde de Shelburne, cujos ensinamentos os inspiraram e tornaram tudo isto possível.

Não esqueçamos também que William Petty, o Conde de Shelburne, foi, repito, antes de mais nada, um Maçon do Frio. Os 33 graus rituais maçónicos ensinam que não há Deus, mas falam muito dos antigos cultos do mal. A Mesopotâmia e o Egipto eram as terras onde estes cultos malignos eram praticados, e relatados pelo Conde de Shelburne no Ocidente e nos quais o Clube de Roma e os Aquários de hoje são modelados, existem desde a antiguidade. Não tinham qualquer consideração, qualquer piedade por uma mãe cujo filho foi arrancado dela pelos sacerdotes de Baal para ser queimado vivo nos braços de ferro de Molok como sacrifício em sua honra.

Estas "sociedades de caça e recolha", como são chamadas, ainda hoje se encontram em algumas das ordens da Maçonaria. E não se enganem, os cultos são a própria encarnação de tudo o que é mau, cultos como o de Dionísio, ao qual pertencem os poderosos chefes da realeza europeia, Magna Mater, Isis, Astarte, o malvado, vil culto caldeu, e o culto de Lúcifer ou o Lucifer Trust, recentemente chamado Lucius Trust, ao qual pertenciam Robert McNamara, Cyrus Vance, e muitos notáveis do Estabelecimento Oriental.

(Deixe-me dizer que há muitos outros cultos a que pertencem muitos Maçons do alto escalão - aqueles ligados à ordem de Um Governo Mundial - e discutirei estes à medida que for avançando).

Mas antes de detalhar o que os Maçons modernos estão a fazer para provocar uma Nova Ordem Mundial - a Utopia da Era de Angola, quero olhar para trás, para as históricas figuras maçónicas da Revolução Americana, a Guerra entre os Estados, vulgarmente conhecida como Guerra Civil, e depois continuar para tempos mais recentes.

Espero mostrar-vos que uma linha vermelha de ódio pela República Americana percorre a nossa história há mais de 250 anos, e que este ódio é hoje mais forte do que nunca, à medida que a América entra na sua fase final antes do crepúsculo da nova Idade das Trevas assentar sombriamente sobre a Terra e sobre todos os seus restantes habitantes.

Antes de entrar em alguns destes pormenores, deixem-me dizer que o ódio ao cristianismo é ainda mais forte em 2008 do que era na Idade Média. Vale a pena mencionar que existe muito pouca diferença entre os objectivos e objectos dos actuais traidores Maçons do Estabelecimento Oriental e as políticas do socialismo internacional. Os "nossos" traidores sempre cooperaram com os seus homólogos em Veneza. De facto, foram os "sangue azul" da América e os aliados com a facção Black Guelph na Europa, especialmente Lord Alfred Milner, o Maçon do Rito Escocês, que criou Vladimir Lenin.

Como disse anteriormente, a revolução bolchevique não foi um movimento obscuro que conseguiu derrubar e escravizar uma grande nação. Foi antes o resultado do planeamento e conspiração dos Maçons Livres, que começou em 1776 com a guerra contra a Igreja Católica liderada pelo jesuíta Adam Weishaupt. Não só a trama para comungar a Rússia veio do Ocidente, mas também a imensa fortuna necessária para a levar a cabo!

Pelo contrário, quando os colonos americanos embarcaram na sua luta para se libertarem do jugo de servidão imposto por George III, não foram apoiados por ninguém a não ser por eles próprios! A Igreja Católica no Canadá, dominada pelos Jesuítas e incluindo muitos Maçons Livres, desempenhou um papel fundamental na traição da causa americana durante a Guerra de 1776, ajudando o traidor Aaron Burr, antigo vice-presidente dos Estados Unidos, que me faz lembrar tantos dos nossos ex-presidentes.

Foram os jesuítas católicos que providenciaram a passagem de Burr para que ele pudesse espiar para os britânicos. Outra figura enviada para a América pelos chefes de estado britânico, suíço e genovês foi Albert Gallatin, um maçon livre que trabalhou na estrutura de poder do novo país e começou a destruí-lo a partir do interior. O seu homólogo hoje é Paul Volcker, antigo presidente da Reserva Federal durante um dos períodos mais turbulentos da história dos

EUA, e agora, em 2009, conselheiro económico do Presidente Obama.

William Shelburne, o Mestre Mason, spymaster e mestre da Revolução Francesa, coordenou as actividades de todos aqueles que se empenharam na luta para erradicar a perigosa nova República Americana antes de esta se tornar um modelo para o mundo. Entre estes inimigos estava Robert Livingston do Comité do Congresso Continental. Shelburne conseguiu que o título de Maçon de Rito Escocês Principal passasse do seu Grão-Mestre, William Walter, que estava no Exército Britânico em 1783, para o novo Grão-Mestre, Livingston.

Livingston foi empossado como Grão-Mestre da Grande Loja de Nova Iorque, posição da qual continuou a trabalhar para as famílias Londres-Venenoa-Genebra, que ainda hoje controlam a maior riqueza do mundo. Neste círculo nefasto estavam os senadores Hillhouse, Pickering, Tracy e Plummer, todos eles maçons e que desempenharam um papel de liderança na tentativa de persuadir os seus estados a separarem-se da União. Como disse, todos eles eram maçons, tal como o seu confidente e co-autor da trama, o embaixador britânico nos Estados Unidos, Anthony Mary. Quando Burr, o Mestre Maçon, foi exposto como traidor porque a conspiração para apreender a Louisiana para os britânicos tinha corrido mal, ele fugiu para os seus amigos maçónicos em Inglaterra, tal como Roberto Calvi fugiu para os seus amigos maçónicos de rito escocês em Inglaterra. Contudo, ao contrário de Calvi, que foi assassinado pelos seus chamados "amigos", Burr recebeu do Conde de Shelburne as boas-vindas de um herói. A propósito, foi John Jacob Astor quem pagou a viagem de Burr. Astor concordava plenamente com o que Shelburne acreditava, nomeadamente a adoração do culto caldeu satânico, um culto tão poderoso que, num período da história, manteve todo o Império Persa nas suas garras. O culto caldeu é amplamente condenado na Bíblia cristã.

Famílias na Grã-Bretanha, Génova, Veneza e Suíça são os descendentes daqueles que levaram a Maçonaria Shelburne a esmagar a jovem República Americana. Famílias manchadas pelo comércio do ópio como Mallet, Pitt, Dundes, Gallatin, e na América, Livingston, Pickering, mais o ninho de traidores de Harvard, formam o núcleo dos liberais do Estabelecimento Oriental e dos seus antecedentes que odeiam a América e tencionam esmagá-la completamente, como Shelburne lhes ordenou há 250 anos.

Um dos mais persistentes nesta empresa foi o "economista" inglês e líder da Maçonaria Livre, Thomas Malthus. Tal como Marx foi criado por uma conspiração jesuíta-masónica europeia, também eles criaram Malthus.

Malthus era um espião ao serviço da British East India Company, a organização colonial britânica responsável pela recolha de matérias-primas e pela liquidação de activos, comparável ao actual Fundo Monetário Internacional. Mas a falsa premissa económica pela qual Malthus ficou conhecido foi na realidade escrita por outro Maçon, o Conde de Ortes, da família bancária Venetian Ortes.

A nobreza negra veneziana, indignada com as actividades do americano Benjamin Franklin, encomendou e pagou à Maçonaria Ortes para escrever uma refutação do trabalho de Franklin. Em essência, Franklin apoiou a injunção bíblica para ser frutuosa e multiplicar-se. Franklin argumentou que a prosperidade económica viria de um aumento da população. A nobreza negra, com a sua mentalidade de "caçador-colector", acreditava que apenas uma parte do rebanho comum deveria ser retida para o serviço.

Acreditavam no genocídio, e foi a partir dele que o Clube de Roma derivou as suas ideias para a agenda da Global 2000. Os escritos de Ortes em nome das famílias "nobres" eram muito anti-americanas, anti-Franklin e as suas ideias foram retomadas, desenvolvidas e alargadas por outros maçons como o Primeiro Ministro William Pitt, e mais tarde por Malthus, depois de ter recebido uma bolsa de estudo e instrução do maçon de rito escocês, Lord Shelburne. Malthus continuou a escrever o seu livro, *On Population*, em contradição directa com a obra de Franklin.

CAPÍTULO 18

MALTHUS E BENJAMIN FRANKLIN

Malthus odiava o trabalho de Benjamin Franklin, que era desprezado pelas mesmas famílias que estão listadas nesta lista de traidores, "*America's 60 Families*", publicada pelo Maçon Frederick Lundberg.

Estas famílias pensam que são as últimas na América. Eles pensam que têm o direito inerente de decidir quem vive e quem morre e quem decide o destino da América.

Os descendentes destas 60 famílias lutaram arduamente para destruir a República Americana e esmagar todos os vestígios da mesma. Os seus antecedentes estão hoje a fazer o mesmo, continuando onde os seus antepassados pararam. Este abcesso sectário deve ser excisado do corpo da América se quisermos sobreviver, e quanto mais cedo melhor.

A maioria dos americanos falei para ter pouca ideia da extensão da humilhação e vergonha que sofremos durante a Guerra das Malvinas, uma vergonha que continuamos a sofrer devido à degradação da guerra no Iraque, e com razão. Deveríamos ter enfrentado os Maçons britânicos e dito "não, nunca trairemos a memória de um grande patriota americano". Em vez disso, permitimos que os maçons americanos e britânicos pisassem a campa de John Quincy Adams e realizassem o seu ritual de triunfo à volta da sua pedra tumular. Lamentei então a traição das Malvinas, e faço-o agora em 2009, com a traição da nossa honra na guerra do Iraque. É uma das páginas mais negras da nossa história. Não devemos esquecê-lo. Temos de trabalhar para expulsar as famílias oligarcas e os controladores do destino da América das Ilhas Malvinas e devolvê-las aos seus legítimos proprietários, o povo argentino. Não devemos descansar até que a memória dos 20.000 marinheiros da frota americana, capturados e escravizados pela marinha britânica antes da Guerra de 1812, tenha sido vingada.

Enquanto permitirmos que "famílias nobres" britânicas governem as Malvinas, nunca mais poderemos reverenciar o nome e a memória de um grande americano, John Quincy Adams. Enquanto não o fizermos, não ousaremos chamar a nós próprios uma nação cristã temente a Deus. As três traições que mais nos irritam são as Malvinas, a África do Sul e o Zimbabué. Eu, por exemplo, não posso descansar até que os autores destes crimes fiquem impunes; crimes que foram planeados e implementados por poderosos elementos do movimento Maçónico, e executados pelos seus servidores americanos no governo dos EUA.

Foram as "60 famílias", os antepassados dos liberais de hoje da Costa Leste, que combateram a Revolução Americana e o Republicanismo e planearam e provocaram uma tragédia atrás da outra nos anos que se seguiram, não sendo a menor das quais as Nações Unidas, dominadas por Satanás, lideradas pelo culto. Foram estas famílias e os seus antecedentes que nos deram os cultos maçónico, gnóstico, bramânico, iluminati, isis, osíris e dionísio em vez do puro Evangelho de Cristo.

Estes são os membros do Estabelecimento Liberal. O povo que nos deu a antiga e aceite maçonaria subterrânea do rito escocês (americano), oficialmente estabelecida apenas em 1929, mas de facto fundada em 1761, e portanto muito activa na sua guerra contra a jovem nação americana. A propósito, eu diria que a famosa historiadora, Lady Queensborough, afirma que os ritos se baseiam em origens cabalísticas antigas.

Albert Mackey, o homem que estudou a maçonaria em pormenor, disse

> A alvenaria promete aos homens salvação por cerimónias inventadas pelos homens, administradas por padres, e habitadas por demónios. É a soma e substância de todas as falsas religiões da terra e acabará por uni-las contra Cristo. Mas o único adversário que a maçonaria teme é Cristo, que se recusou a adorar Satanás, e os seus seguidores.

A "salvação" prometida pela maçonaria quase levou ao fracasso da República Americana em 1812 e em 1861 à terrível Guerra entre os Estados, a chamada "Guerra Civil", que custou a vida a mais de 400.000 pessoas, facto que nunca foi apontado pelos historiadores do Estabelecimento (os únicos permitidos nos Estados Unidos). Este número terrível excede o número de soldados americanos mortos na Primeira e Segunda Guerras Mundiais! Pense cuidadosamente sobre este facto e memorize-o, uma vez que os nossos chamados "historiadores" tentam varrer estas estatísticas vitais para debaixo do tapete.

E qual foi a desculpa para esta guerra fratricida entre os Estados? Ostensivelmente, a guerra foi travada para emancipar os negros, mas a grande maioria de nós sabe agora que existiam outras razões.

É interessante notar que as famílias esclavagistas do Norte

fizeram a sua fortuna com aquilo que condenaram. Combinaram o comércio de escravos com o comércio de ópio para a China, e foi assim que os nobres de sangue azul de Oxford, os licenciados de Harvard e as famílias "nobres" de Boston e arredores acumularam as suas fortunas, e é neste comércio de droga que os seus descendentes ainda hoje estão envolvidos. No entanto, tenho de deixar de lado a escravatura, o comércio do ópio, os "olímpicos" e a "classe dominante" ensopada em drogas para chegar ao tema principal.

Permitam-me repetir de passagem que cada uma das famílias que se consideram as "famílias reais" de elite da América fizeram o seu dinheiro a partir do comércio de ópio e de escravos. Diga isso ao autor de *"America's Sixty Families"* e veja-o sair do caminho! O Sr. Lundberg, é claro, nunca sonharia em expor os seus clientes famosos. Quero passar agora aos acontecimentos posteriores após a Guerra Civil, que foi instigada e dirigida por uma conspiração maçónica do princípio ao fim, através de pessoas como Caleb Cushing e Lloyd Garrison.

Não há dúvida de que os instigadores da conspiração para destruir a América, que culminou na Guerra entre os Estados, eram todos Maçons de Rito Escocês de ambos os lados do conflito. Vale a pena mencionar de passagem que o assassinato do Presidente Lincoln foi também uma conspiração jesuíta-freemason.

Estes Maçons livres aliados com as famílias negras nobres venezianas, os Contarini e Pallavicini, e a rede de espionagem jesuíta não poderiam ter assassinado Lincoln sem a conivência das famílias do Estabelecimento Oriental e da família Cecil em Inglaterra. Assim, a seita jesuíta Rosacruz de Robert Fludd triunfou sobre o povo americano, a sua Constituição e a sua República, e apreciou o assassinato do Presidente como um dos seus "troféus".

Qual foi, então, o motivo da conspiração maçónica para destruir os Estados Unidos e estabelecer um governo mundial único? O motivo era o ódio, um ódio profundo e fanático do ideal da república, a ideia de que os homens podiam ser libertados da servidão e do poder feudal exercido pelas antigas famílias venezianas, genovesas e britânicas.

A própria ideia de que, sob uma forma republicana de governo, os homens são livres de contestar qualquer decisão com a qual discordem, exercendo o seu direito de voto, era absolutamente repugnante para estes líderes autonomeados. Eles sentiram, como ainda sentem, que o único direito de decidir o destino do homem comum lhes pertence. É por isso que a religião cristã, com a sua ênfase na liberdade individual, é o alvo do seu ódio e é por isso que tantas destas antigas famílias adoravam o tráfico de escravos e de ópio como adoram hoje o tráfico de droga. O homem era e nada mais é para eles do que um escravo simplesmente para ser explorado. Como o Príncipe Metternich disse uma vez, "Para mim, a humanidade começa com os barões". A propósito, Metternich foi o herói e modelo de Henry Kissinger. Estas velhas famílias foram capazes de o fazer porque não acreditam num Deus real e vivo! É verdade que de vez em quando prestam um serviço labial a Deus e ao cristianismo, como no caso da família real britânica. Mas eles não acreditam que Deus existe!

Mais do que isso, esta força de interbloqueio das famílias do Estabelecimento Oriental, as famílias bancárias jesuítas-escocesas-rosicruzes de Veneza, Londres, Génova, Boston, Genebra, Lausanne, Berna, etc., odeiam com uma obsessão quase violenta uma sociedade mercantil baseada no crescimento industrial e na tecnologia, baseada no capitalismo industrial.

A força motivadora, a razão de ser de uma conspiração mundial como a vemos nos seus elementos visíveis, através do Clube de Roma, da Sociedade Mont Pelerin, da Fundação Cini, dos Bilderbergers, e da Comissão Trilateral, da Sociedade Real para os Assuntos Internacionais, do Conselho para as Relações Exteriores e dos Aquários, é em primeiro lugar a destruição da religião cristã, seguido de outras religiões (especialmente muçulmanas) e do fim do crescimento industrial, da destruição da tecnologia e de um regresso ao feudalismo e à nova era negra, tudo acompanhado da enorme redução da população que os seus planos exigem, uma vez que os milhões de "comedores inúteis" deixarão de ser necessários numa sociedade pós-industrial.

Os meus muitos 'primeiros' incluem o trabalho na Conferência Inter-Religiosa de Bellagio, o relatório Global 2000, uma exposição da existência da mais secreta Loja Maçonaria, a Loja Quator Coronati, e o Clube de Roma, crescimento zero e uma sociedade pós-industrial; o enredo para lançar uma guerra santa em Jerusalém, começando com um ataque à Cúpula da Mesquita do Rochedo.

Outras revelações incluem *Quem Assassinou o Presidente John F. Kennedy, A Conspiração Maçónica P2, Quem Matou o Papa João Paulo I*, o assassinato de Roberto Calvi e o papel de Haig na invasão israelita do Líbano. Hoje em dia, a conspiração dos Maçons Livres como servos da Nobreza Negra e da sua "aristocracia" americana está bem encaminhada. Como previ há 20 anos atrás, as indústrias do aço, construção naval, máquinas-ferramentas e calçado foram todas destruídas; o mesmo está a acontecer na Europa.

Quanto ao relatório Global 2000, ao negar comida às nações famintas de África, milhões de africanos negros morreram. Milhares de pessoas morreram também de VIH/SIDA. Guerras limitadas declaradas desejáveis e necessárias pelo arcebispo-satanista, o maçon Bertrand Russell e o "Dr. Strangelove" Leo Szilard, e o seu culto de adoração ao diabo Shakti Ishtar estão em curso no Irão, América Central, África do Sul, Médio Oriente e Filipinas, etc.

A minha resposta é que a Bíblia cristã diz: "Deus olhou para eles (os pré-Adamitas) e viu que eles não tinham prosperado". Deus enviou-nos para ajudar estas pessoas a cumprir a sua função na Terra, seja ela qual for, e não faço ideia do que seja, mas não para as assassinar. Szilard e o seu amigo, Bertrand Russell, lamentaram o facto de as guerras não se terem livrado de gente suficiente, como Russell descreveu no seu livro de 1923, *Perspectivas da Civilização Industrial*, do qual este é um excerto:

> O socialismo, especialmente o socialismo internacional, só é possível como um sistema estável se a população estiver estagnada ou quase. Um aumento lento pode ser tratado através da melhoria dos métodos agrícolas, mas um aumento rápido deve eventualmente reduzir toda a população.

As falsas noções de Russell baseiam-se em princípios malthusianos satânicos, que por sua vez se baseiam num ódio aos Estados-nação, ao republicanismo e a um Estado industrial capitalizado que opera numa base mercantil tradicional. Em 1951, Russell escreveu *O Impacto da Ciência na Sociedade*, e aqui estão algumas das ideias mais importantes que este livro defende:

> A guerra tem sido até agora decepcionante neste aspecto (ou seja, redução da população), mas talvez a guerra biológica possa revelar-se mais eficaz. Se uma peste negra (a peste da Idade Média e o VIH) se pudesse propagar pelo mundo uma vez numa geração, os sobreviventes poderiam procriar livremente, sem tornar o mundo demasiado cheio. O estado de coisas pode ser desagradável, mas o que é que tem? Pessoas da mais alta ordem são indiferentes à felicidade, especialmente a felicidade dos outros.

Autodescrito como pacificador, Russell foi um falso profeta da maçonaria e líder da CND, a Campanha pelo Desarmamento Nuclear.

Foi a voz do profeta do Estabelecimento Oriental Jesuíta, Maçon, Rosacruz, e membro da Nobreza Negra Americana. Estes líderes auto-nomeados do mundo estão a tornar-se tão arrogantes que por vezes não conseguem manter a boca fechada. Note-se a referência à Peste Negra que varreu o mundo na Idade Média.

A peste não foi um "acto de Deus" uma vez que, claro, Deus não é um assassino, embora o culpemos frequentemente pela morte de pessoas, mas na minha opinião, com base em 30 anos de pesquisa, foi um acto deliberado dos antecedentes dos actuais "Olimpíadas", o "Clube 300". Esta não é uma teoria rebuscada.

É verdade que ainda não o provei, mas há demasiadas pistas e palhinhas ao vento para ignorar. Tal como o Dr Leo Szilard é retratado no filme *Dr Strangelove* como ficção, os vírus mortais actualmente detidos pelos conspiradores e retratados no filme *The Andromeda Strain* também foram retratados como ficção nesse filme. Mas não se trata de ficção. Não esquecer o facto de que os alquimistas e a nobreza negra têm vindo a realizar experiências médicas desde o século 14 .

Os vírus mortais contra os quais a miosina da droga milagrosa é totalmente ineficaz estão actualmente armazenados no CDC sob a mais alta segurança. Ao contrário da versão oficial, nem todos estes vírus foram incinerados.

Isto deve convencê-lo de que as minhas previsões não são apenas palavras vazias. Veremos muitas mais "pragas negras" no século 21 - novas e estranhas pragas que não sabemos o que chamar, bem como novas e mais mortíferas estirpes de cólera, malária e tuberculose. Que ninguém diga que não fomos avisados das pandemias que irão descer sobre a Terra e levar milhões de pessoas com elas. Afinal de contas, os objectivos dos "300" foram claramente enunciados. Basta recordar as palavras de Aurelio Peccei, fundador do Clube de Roma, que em 1969 disse:

"O homem é um cancro para o mundo".

CAPÍTULO 19

A MAÇONARIA É COMPATÍVEL COM A CRISTANDADE?

Durante séculos, a Maçonaria tentou fazer o movimento parecer totalmente compatível com o cristianismo. "Não há nada que impeça um maçon de ser cristão" é uma das mais antigas declarações da Maçonaria. Neste livro tentarei estabelecer comparações entre o que chamo Cristianismo do Novo Testamento e o seu inimigo mais formidável, a Maçonaria. As provas que consegui reunir provêm principalmente de familiares de maçons e ex-maçons, que falaram comigo na condição de não serem identificados. Aqueles que quebram o juramento do segredo maçónico sabem que a pena máxima para tal transgressão é, na maioria dos casos, a morte.

Milhares de livros foram escritos a favor e contra a maçonaria. A Igreja Católica tem sido firme e resoluta na sua oposição à maçonaria. As igrejas protestantes infelizmente não têm estado tão unidas contra este perigoso inimigo como deveriam estar. Tratarei aqui de investigações mais recentes sobre a maçonaria. Em 1952 deparei-me com um livro muito interessante intitulado *Darkness Visible* by Walton Hannah.

Este livro é inestimável para quem procura trespassar o véu do segredo que protegeu a maçonaria durante tantos séculos. O mesmo autor, Walton Hannah, publicou mais tarde um artigo intitulado "Deve um cristão ser um maçon livre? "Um Maçon do Cristianismo, o Reverendo R.C. Meredith, aceitou este desafio aos segredos da maçonaria. Muito corajosamente, o Reverendo Meredith desafiou a igreja a provar que um Maçon do Frio também poderia ser um cristão.

Meredith, que estudou em Oxford, era activa nos círculos esquerdistas e participou em vários debates pró-esquerda que foram muito populares na década de 1930. Este foi o período da história britânica quando era chique ser socialista, quando o socialismo Fabian estava em pleno andamento, quando estava na moda trabalhar para a União Soviética, o mesmo período que nos deu Bulwer, Lytton, Alfred Milner e Kim Philby. O grupo Milner acabou por evoluir para o que é agora chamado o Royal Institute for International Affairs (RIIA).

O Reverendo Meredith propôs corajosamente que fosse lançado um inquérito da Igreja Anglicana à maçonaria. A sua proposta para a Assembleia da Igreja de 1951 dizia o seguinte:

> Tendo em conta a ampla publicidade que foi dada ao artigo de Walton Hannah, é necessário que seja nomeada uma Comissão, incluindo entre os seus membros pessoas competentes na ciência da religião comparada, para examinar as declarações feitas pelo Sr. Hannah nesse artigo, e a atenção da Câmara dos Bispos deve ser dirigida a tudo o que nele é exposto.

É muito interessante notar que Meredith se refere à maçonaria, mesmo indirectamente, como uma religião. Meredith tinha tanta certeza que a sua resolução passaria, e que a maçonaria seria autorizada pelas centenas de maçons da hierarquia anglicana que ocupam posições poderosas na Igreja, que nem sequer se preocupou em impor restrições ao inquérito proposto. Isto foi altamente invulgar. Quando os Maçons Livres permitem que a Igreja investigue a sua sociedade secreta, é geralmente com as restrições mais severas, de modo que o resultado da investigação é uma conclusão inevitável: a maçonaria e a Igreja Cristã são de facto compatíveis. Desde a publicação do livro de Walton Hannah em 1952, tem havido uma preocupação crescente nos vários Sínodos Gerais da Igreja Anglicana sobre a verdadeira natureza dos juramentos maçónicos, a necessidade de segredo como parte integrante da maçonaria, o verdadeiro papel da maçonaria e o âmbito das suas actividades gerais e secretas. Aqueles que procuram quebrar o cadeado do silêncio imposto pela maçonaria e revelar os seus segredos sombrios citam frequentemente o General Ludendorf. Mais recentemente, a maçonaria tem sido descrita como um "tipo de máfia" ou "a única forma de fazer progressos rápidos para qualquer pessoa no comércio ou governo".

Quando foram feitos verdadeiros progressos nesta direcção, ou seja, quando as investigações da Igreja pareciam ser bem sucedidas, os chacais da imprensa gritavam "caça às bruxas". Falar de maçonaria na sua verdadeira luz, arrancar a máscara da face benigna da maçonaria tornou-se um negócio arriscado. A maçonaria sempre respondeu às alegações de abuso com a desculpa de que eram "apenas um de milhões de maus exemplos do bem que faz".

Os aspectos mafiosos e sinistros da maçonaria nunca foram discutidos abertamente, e é por isso que a maçonaria foi tão ousada em relação à resolução de Meredith; sabia que passaria - e passou. O livro de Stephen Knight de 1984, *The Brotherhood; the Secret World of Masonry*, foi imediatamente recebido com este tipo de reacção. Críticos, figuras literárias e religiosas chamaram a este excelente livro "mal pesquisado, cheio de dados não confirmados".

Tentar descrever a maçonaria é uma tarefa entediante. É sem dúvida a maior ordem fraterna do mundo, com uma filiação não oficial de quase 3,5 milhões só nos Estados Unidos. Mais de 50.000 livros e obras mais curtas foram escritos sobre o assunto desde 1717, quando a maçonaria se revelou publicamente pela primeira vez.

Tem gerado mais ódio do que qualquer outra organização secular no mundo. Os homens das religiões mórmon e católica não podem aderir. É proibido em alguns países. A alvenaria foi declarada ilegal por Hitler e Mussolini e mais tarde pelo General Franco. A Hierarquia Metropolitana de Londres é essencialmente maçónica.

Entre os maçons, há muitos reis e potentados: Eduardo VII, Eduardo VIII, Frederico o Grande, Rei Haakon da Noruega e Rei Estanislau da Polónia são apenas alguns exemplos que me vêm à mente.

Os presidentes dos Estados Unidos que fizeram o juramento maçónico foram: James Monroe, Andrew Jackson, James K. Polk, James Buchanan, Andrew Johnson, James A. Garfield, Theodore Roosevelt, William Howard Taft, Warren C. Harding, Franklin D. Roosevelt, Harry S. Truman, Lyndon Johnson, Gerald Ford e Ronald Reagan.

Maçons no campo da música incluíam o compositor de "St. Louis Blues" William Handy, John Philip Sousa, Gilbert e Sullivan, Sibelius e Wolfgang Amadeus Mozart, que foi assassinado por revelar segredos maçónicos em "A Flauta

Mágica".

Nenhum dos críticos do livro de Knight salientou que a maçonaria nunca confirma os dados relativos ao seu lado mais sombrio, aos seus actos perversos, e ao seu efeito sobre o curso da história. Mazzini, por vezes, parecia confirmar alguns dos males e erros da maçonaria na geopolítica internacional, mas apenas no contexto histórico, dados já conhecidos; sempre aludindo à influência maçónica sobre estes acontecimentos, mas nunca confirmando o seu papel de uma forma rigorosamente científica.

A fim de desacreditar a alegação de Knight de influência indevida nos escalões superiores do governo e da Polícia Metropolitana, particularmente no Departamento de Investigação Criminal (CID), e a sua afirmação de que mais de 90% dos seus detectives são Maçons Livres, um dos mais altos funcionários do rito escocês, Lord Hailsham, foi escolhido pelo Grande Conselho de Inglaterra para refutar as acusações inteiramente correctas de Knight. O Lorde Chanceler de Inglaterra, usando o poder e majestade do seu gabinete, escreveu uma carta ao jornal *London Times*, ridicularizando e depreciando a apresentação do Cavaleiro. O gabinete de patrocínio do Hailsham estava superlotado com "pedreiros favorecidos". Porque uma pessoa tão augusta como Hailsham tinha escrito à venerável instituição que é The *Times*, o público aceitou que as negações de Hailsham em nome da maçonaria estavam correctas e que o Cavaleiro estava errado. As acusações bem fundamentadas do cavaleiro foram efectivamente refutadas. É por este meio não tão subtil que a Masonry protege os seus próprios. Dizer que Knight não apresentou dados confirmados e pode, portanto, ser ignorado é prova do poder e da omnipresença da Maçonaria. Isto aplica-se tanto aos

Estados Unidos da América como à Itália, França e Alemanha.

Oferecendo o caso de Roger Hollis como prova da imprecisão de Knight, a Maçonaria cita Hollis, chefe do MI5 durante a Segunda Guerra Mundial, como Maçonaria Livre. Hollis era de facto um Maçon, que deu segredos militares vitais à União Soviética. Foi objecto de uma elaborada tentativa da Maçonaria de suprimir a publicação da obra de outro bom autor, Peter Wright, cujo livro expôs a duplicidade de Roger Hollis.

Hollis foi um homem que entregou segredos militares americanos e britânicos aos soviéticos, e foi um Maçon do Frio durante a maior parte da sua vida. Apenas posso mencionar brevemente este homem e a sua traição dos Estados Unidos e da Grã-Bretanha à União Soviética.

Como Wright não podia ser desacreditado por cartas ao *Times*, a equipa do SIS 'James Bond' tentou silenciá-lo - permanentemente. Wright fugiu para a Austrália, onde foi protegido por pessoas em lugares altos. Wright fez tudo o que pôde para que a sua exposição de Roger Hollis fosse publicada na Austrália, mas o longo braço da Maçonaria Escocesa veio da Grã-Bretanha e, pelo raciocínio mais dúbio e convoluto, o Procurador-Geral da Grã-Bretanha foi à Austrália para argumentar nos tribunais australianos contra a publicação do livro. Embora a Maçonaria negue isto e cite a falta de provas documentais para apoiar as suas negações, a minha fonte mais fiável na Inteligência Britânica disse-me que a Maçonaria na Grã-Bretanha e Austrália se juntou num esforço conjunto para deter Wright. O livro deveria ser impresso no Canadá, e alguns meses mais tarde na Austrália. Desta vez, os Maçons Livres não conseguiram impedir que a verdade se soubesse.

Entretanto, em Londres, três jornais desafiaram a censura britânica e começaram a publicar extractos do livro de Wright. A censura da imprensa na Grã-Bretanha é aplicada de forma muito eficaz através dos chamados "Avisos D". Se o Ministro do Interior acreditar que um livro, história ou artigo é ou não prejudicial para o Estado no interesse do país, os editores, editores de revistas, jornais, etc. recebem um "Aviso D" que os impede de publicar a história em questão. Se o "aviso D" não for cumprido, o Procurador-Geral tem o direito de processar os infractores e os tribunais impõem geralmente penas severas.

Tal é o direito à "liberdade de expressão" e à "liberdade de imprensa" protegidos na Grã-Bretanha. Três jornais londrinos foram acusados de desobedecer ao "aviso D" que receberam, proibindo-os de publicar a obra de Wright. O Procurador-Geral descreveu o seu comportamento no exercício do seu direito à "liberdade de imprensa" como uma violação deliberada e flagrante da lei. Todos aqueles que se opuseram a Wright foram Maçons do mais alto grau que procuraram proteger um falecido 33 grau Mason da exposição total. "Mal documentado, sem dados confirmados? "É possível, mas acontecimentos reais, que depois se tornam história, raramente podem, se é que alguma vez, ser "confirmados".

Todos sabemos a verdade sobre o assassinato de John F. Kennedy, e a conduta do seu irmão Edward em Chappaquiddick. Mas os "dados confirmados"? Estão encerrados em ficheiros legais e registos do tribunal durante os próximos 99 anos! É assim que funciona o Estabelecimento! Os maçons não são diferentes. Eles protegem os seus!

Tomemos o caso do Comissário da Polícia da Cidade de

Londres, James Page. Os maçons dizem que as suas rápidas promoções não podem ser devidas ao patrocínio maçónico, porque, dizem, ele só se juntou à irmandade secreta depois de se ter tornado Comissário. É claro que os segredos do alojamento permanecem segredos do alojamento. Quem pode dizer que Page se juntou aos maçons quando ele ainda era um jovem polícia? Apenas ex-maçons "desacreditados", que são naturalmente considerados mentirosos ou pior! Parece que Page, a acreditar nos precedentes, era membro do Lodge muito antes de se tornar comissário de polícia.

Depois há o caso dos agentes permanentes do governo no coração financeiro do mundo, a City de Londres. Knight e outros, incluindo eu próprio, estão bem cientes de que os seus membros mais influentes estão a liderar os Maçons Livres. No entanto, quando Knight ousou nomear estes homens, foi-lhe oficialmente negado, não que não fossem maçons, mas que não tinham assistido às reuniões da Loja Guildhall nas datas mencionadas por Knight.

Devido à sua alta patente, acreditou-se nos maçons em vez de Cavaleiro, que foi então acusado de "inexactidões grosseiras". Desenterrei o tema do fornecimento de "provas documentais e "dados confirmados" perante os maçons em posições de grande poder e influência, que cerram fileiras quando são atacados. Inexactidões factuais" é a forma como os membros da Loja Guildhall reagiram à apresentação do Sr. Knight sobre como a Irmandade dos Maçons controla a Cidade de Londres - e Westminster, já agora.

Knight fornece uma explicação convincente de como os registos dos Maçons nas Lojas Inglesas em todo o mundo são "selados" contra os investigadores. No caso de Roger Hollis, os registos dos Maçons do Extremo Oriente foram fechados tanto a Knight como a Wright e bastou à maçonaria negar que Hollis foi sempre um Maçon para que ambos os autores fossem desacreditados por "falta de dados confirmados". Afinal de contas, o público tende a acreditar em Eduardo, o Duque de Kent, em vez de autores relativamente desconhecidos. Se Masonry conseguiu depor Edward VII e culpar a Sra. Wallis Simpson pela sua queda, foi relativamente fácil rotular os trabalhos de dois excelentes autores como "factualmente imprecisos e sem dados confirmados".

Outra exposição muito boa da Maçonaria é a exposição escrita e publicada por Walton Hannah *Darkness Visible*, que foi alvo de ataques muito severos não só por parte dos principais membros da Maçonaria sob a hierarquia da Igreja Anglicana, mas também por parte dos chamados críticos literários e auto-proclamados "especialistas", para defender a Maçonaria. Qualquer investigação sobre a proveniência dos textos e rituais de iniciação utilizados pela Maçonaria seria um trabalho de vida em si mesmo e, mesmo assim, seria provavelmente rotulado como "falta de dados confirmados" por uma Fraternidade da Maçonaria unida e firmemente unida contra qualquer divulgação que pudesse prejudicar a sua imagem.

O meu extenso estudo da maçonaria ao longo dos últimos trinta anos ensinou-me muitas coisas sobre a "Fraternidade", sobretudo que para documentar completamente até os juramentos, textos e rituais de iniciação exigiria os esforços combinados de vários peritos verdadeiramente acreditados em religiões comparativas. Assim, pela própria natureza de um empreendimento tão vasto, a maçonaria sempre foi capaz de continuar a drapejar-se num segredo que é difícil de penetrar.

É extremamente difícil construir um caso contra a sinistra

irmandade. Muitos tentaram com diferentes graus de sucesso, mas em geral, é verdade dizer que apesar de dezenas de livros notáveis, que expuseram a maçonaria pelo que ela é, a maçonaria emergiu relativamente incólume.

Se fosse realizada uma sondagem de opinião, e não estas sondagens motivadas politicamente e fabricadas profissionalmente que fazem com que os políticos sejam eleitos, tenho razões para acreditar que 70% do público em geral diria que a Maçonaria é uma sociedade atenciosa que faz muito bem à comunidade!

Num debate na Assembleia da Igreja Anglicana em 1951, tornou-se claro que o trabalho "benevolente" e "caridoso" realizado pela Maçonaria permaneceu na linha da frente das impressões das pessoas sobre a maçonaria. Há uma série de livros que indicam que "obras de caridade", tais como colecções de rua para várias instituições de caridade, não é de facto caridade nenhuma, uma vez que é o público, e não a Maçonaria, que dá o dinheiro. Se as lojas maçónicas dessem grandes somas de dinheiro a instituições de caridade pública e regularmente, o seu rosto benevolente poderia não ser a máscara que realmente é. É verdade que os membros mais informados do público nunca fazem a pergunta "porque permitimos que uma sociedade tão secreta funcione entre nós e o que se passa atrás das suas portas fechadas? ".

Não pode ser de outra forma, pois como poderia a senhora cujo marido vai às reuniões da Loja saber alguma coisa sobre as leis estritas de segredo da maçonaria, os graus de Artesanato e o Arco Real, quanto mais sobre a política de omerta. Se ela tivesse uma mente inquisitiva e lhe fizesse perguntas de sondagem, o seu marido só lhe falaria sobre os banquetes pródigos e as actividades de angariação de fundos de caridade, mas além disso, ela não aprenderia nada. Não admira que a percepção do público esteja tão longe da verdade sobre o que a Maçonaria realmente é!

CAPÍTULO 20

QUANDO, ONDE E COMO SURGIU A MAÇONARIA?

A literatura sobre a Maçonaria enche as prateleiras da maioria das bibliotecas públicas, excepto que obras de autores que se aproximaram desconfortavelmente da verdade não estão disponíveis. Se perguntarmos ao bibliotecário, as respostas vão desde "nunca o tivemos" até "foi retirado há algum tempo atrás".

Há muitos livros que afirmam não haver ligação entre a alvenaria "moderna", o rei Salomão e os druidas. Estes "livros técnicos especializados em alvenaria", como me descreveu um bibliotecário, lançam sempre um manto sobre a ligação entre a alvenaria e o antigo culto egípcio de Ísis, Dionísio e assim por diante.

Até Walton Hannah está relutante como cientista em se comprometer plenamente. No seu livro, *Christians by Degrees*, Hannah declara:

> Se, como o fazem, os maçons modernos afirmam ser os mordomos e guardiães dos antigos mistérios de que são os herdeiros legítimos, tudo o que se pode admitir é que existem de facto paralelos e semelhanças impressionantes, mesmo nos próprios sinais e símbolos; O simbolismo é, no entanto, muito difícil de especificar e dogmatizar, não é notável que a Maçonaria e os mistérios maçónicos de hoje

tenham grandes semelhanças com os antigos mistérios e religiões que têm muitos pontos em comum com os mistérios maçónicos.

As bibliotecas estão cheias de livros que procuram negar a ligação entre maçons e rosacruzes, mas o estudante sério de maçonaria sabe que a ligação é muito forte. Sir Roger Besomt era um Maçon de Alto Grau do Rito Egípcio e é um facto bem estabelecido que ele estava certamente profundamente envolvido na Teosofia e no Rosacrucianismo. Tomemos como exemplo a Família Real Britânica. Muitos dos seus membros, incluindo o Príncipe Carlos e o Duque de Kent, estão envolvidos no Rosacrucianismo. Ninguém nega que ambos são maçons. A Maçonaria nunca deu uma resposta adequada às três perguntas: onde, porquê, quando e onde teve origem a Maçonaria? Os pedreiros sempre negaram categoricamente que foram criados para contrariar o cristianismo e que não se tratava de uma religião, mas as suas negações estão a desgastar-se como começaremos a ver.

John Hamill, Mestre Apologista de Alvenaria, Bibliotecário e Curador da Biblioteca e Museu da Grande Loja, declara:

> Os alojamentos modernos são muito semelhantes aos que existiam no século 17.

A sua ideia da história maçónica é a seguinte:

> A Grande Loja de Inglaterra foi formada a 24 de Junho de 1717, e uma Grande Loja dos Antigos rival foi formalmente constituída em 1751; e que estas duas Grandes Lojas rivais se uniram a 27 de Dezembro de 1713, para formar a Grande Loja Unida de Inglaterra, como a conhecemos hoje.

Mas Hamill não nos diz porque é que uma sociedade secreta é necessária.

❖   O que é a Maçonaria?

❖   Porque é que os homens procuram contactá-la?

❖   Qual é a verdadeira natureza da organização cujas obrigações devem aceitar se aderirem?

Apesar dos milhares de livros que nos dizem o que é a Maçonaria, ainda há muito sobre ela que não sabemos completamente. No início da década de 1850, a Grande Loja de Inglaterra publicou um panfleto intitulado "O que todos os candidatos devem saber", que dizia, entre outras coisas:

> A Maçonaria é uma sociedade de homens historicamente relacionados com os pedreiros operacionais medievais, dos quais obtêm os seus meios privados de reconhecimento, o seu cerimonial e muitos dos seus costumes. Os seus membros aderem aos princípios antigos do amor fraterno (uma ideia marxista - JC), salvação e verdade, não só entre si mas também nas suas relações com o mundo em geral e através de preceitos e exemplos rituais.

Se isto explica alguma coisa de uma forma verdadeiramente significativa, confesso que o seu verdadeiro significado me escapa. O bibliotecário Hamill tenta, no entanto, dar uma "explicação" mais detalhada, dizendo:

> O candidato à iniciação aprende muito cedo na sua carreira maçónica que os princípios fundamentais da Maçonaria são o amor fraternal, a ajuda mútua e a verdade.

Tenta então equiparar o marxismo ao amor fraternal,

afirmando:

> Amor fraterno no sentido de promover a tolerância e o respeito pelas crenças e ideais dos outros, e de construir um mundo que respeite a tolerância juntamente com a bondade e a compreensão. Cuidado, não no sentido de dar dinheiro apenas ou limitado a ele, mas no sentido mais amplo de dar dinheiro para caridade (mas nunca o seu - JC) de tempo e esforço para ajudar a comunidade em geral. Verdade no sentido de lutar por elevados padrões morais e conduzir a própria vida - em todos os seus aspectos - de uma forma tão honesta quanto possível. Em termos simples, um maçon é ensinado os seus deveres para com o seu Deus (que Deus não está especificado - JC) e as leis do seu país.

Uma explicação tão absurda do que é a maçonaria é infelizmente o que a maioria do público em geral acredita. Quando se apontam as mais notáveis excepções a este corpo de homens supostamente nobres, tais como a moralidade de alguns dos seus mais altos aderentes, as suas contribuições monetárias caritativas que não provêm da maçonaria mas de doações públicas, o seu desrespeito pela lei da terra, ou seja, as revoluções francesa e bolchevique, depara-se com negações planas ou, como no caso de Roberto Calvi, o facto de se tratar de uma "notável excepção" susceptível de ocorrer uma vez por século! Todos os porta-vozes dos Maçons negam que a sociedade secreta seja uma religião. Em 1985, a Direcção dos Fins Gerais da Grande Loja Unida publicou um panfleto intitulado *Maçonaria e Religião*.

Entre outras negações, a Comissão afirma o seguinte:

> A Maçonaria não é uma religião nem um substituto para a religião. A Maçonaria não tem os elementos básicos de uma religião, mas está longe de ser indiferente à religião.

Sem interferir na prática religiosa, espera que cada membro siga a sua própria fé e que coloque o seu dever para com o seu Deus, seja qual for o nome, acima de todos os outros deveres. A Maçonaria é, portanto, uma defensora da religião.

Um grupo de trabalho da Grande Loja declarou ainda:

A Maçonaria sabe que os seus rituais não são equivalentes à prática de uma religião.

É difícil imaginar uma mentira mais ousada e desavergonhada. A maçonaria não é apenas uma religião, é também e sobretudo uma religião anti-cristã que visa destruir o cristianismo.

❖ Como pode a maçonaria justificar a sua pretensão de não-religião quando os seus rituais são centrados e baseados em altares, templos e capelães?

❖ Porque são recitadas orações, tais como a oração explicitamente indicada como tal na literatura maçónica, no ritual de emulação de primeiro grau?

Examinemos esta oração de "não-religião":

Conceda a sua ajuda. Pai Todo-Poderoso e Governador Supremo do Universo, à nossa presente Convenção e concedei que este candidato à Maçonaria possa consagrar e dedicar a sua vida ao Vosso serviço de modo a tornar-se um verdadeiro e fiel irmão entre nós. Concede-lhe a habilidade da Tua sabedoria divina, para que, ajudado pelos segredos (ênfase acrescentada) da nossa arte maçónica, ele possa ser mais capaz de exibir as belezas da verdadeira bondade para a honra e glória do Teu Santo Nome.

Se não é religião, então nada neste mundo é! A pergunta a ser respondida é "que tipo de religião é a maçonaria? ".

No segundo grau, há uma verdadeira oração, que é formulada desta forma:

> Pedimos a continuação da Tua ajuda, Senhor misericordioso, em nosso nome e em nome daqueles que se ajoelham diante de Ti. Que o trabalho iniciado em Teu Nome seja continuado à Tua Glória e cada vez mais firmemente estabelecido em nós através da obediência aos Teus preceitos.

O facto de o Deus a quem os maçons rezam ser Satanás está cuidadosamente escondido de todos os maçons excepto daqueles que atingem o grau 33 ! O nome de Jesus é sempre muito especificamente excluído. Como Cristo nosso Senhor diz nos seus Evangelhos:

> Aquele que não é a meu favor está contra mim.

Há outra oração em terceiro grau que invoca a bênção de Deus e do Céu sobre o novo membro:

> Deus Todo-Poderoso e eterno, arquitecto e mestre do universo, por cuja vontade criativa tudo foi feito.

A maçonaria é muito cautelosa na medida em que, ao mesmo tempo que faz uso liberal das orações cristãs, que são prontamente reconhecidas como tal, evita escrupulosamente qualquer referência cristã. Por esta acção singular de excluir o nome de Cristo das suas "orações", a maçonaria nega a própria existência e autoridade de Jesus. Se, como afirmam os maçons, não é uma religião, tanto melhor; mas porquê copiar orações cristãs e retirar absolutamente o nome de Cristo? Tal conduta não indica que a maçonaria é anti-Cristo?

Acredito firmemente que a maçonaria representa um comportamento anti-Cristo, e além disso, esta é a resposta à pergunta "porquê" a maçonaria foi estabelecida em primeiro lugar! Em apoio da minha afirmação de que a maçonaria é uma religião anti-Cristo, ofereço a cerimónia de abertura da Oração do Arco Real que se segue:

> Deus Todo-Poderoso, a quem todos os corações estão abertos, todos os desejos são conhecidos, e a quem nenhum segredo é escondido, purifica os pensamentos dos nossos corações pela inspiração do teu Espírito Santo, para que te amemos e te magnifiquemos perfeitamente.

Qualquer membro da Igreja Anglicana reconhecerá imediatamente esta oração inteiramente cristã. O significado desta "oração maçónica" em particular é que as palavras muito importantes "através de Jesus Cristo nosso Senhor" são eliminadas.

Cristo disse que aqueles que O negam são anti-Cristo. Ao retirar o nome de Cristo desta oração, os maçons demonstram o seu desprezo por Cristo. Devem, portanto, ser contados nas fileiras das forças anti-Cristo de Satanás.

A cerimónia de encerramento do Arco Real faz também uso de uma conhecida oração cristã, nomeadamente "Glória a Deus no mais alto da terra, paz aos homens de boa vontade", mas não menciona que estas palavras são retiradas do Evangelho de Nosso Senhor Jesus Cristo. Na minha mente e na mente de muitos estudantes sérios da Maçonaria, os exemplos precedentes de actividade religiosa negam a afirmação da Maçonaria de que não é uma religião, e provam ao mundo que o é.

A Grande Loja respondeu a um desafio da minha parte, dizendo:

... A Maçonaria não é uma religião nem um substituto para ela, e não há razão para que o nome de Cristo deva ser mencionado nos seus rituais.

Certamente a resposta a esta negação é fazer outra pergunta: "Se o que dizes está correcto, que a maçonaria não é uma religião, então porque tiraste orações da Bíblia Cristã, porque te referes constantemente a templos e altares, e porque, enquanto usas frases da Bíblia Cristã, negas a própria existência de Jesus Cristo, apagando o seu nome de cada uma das orações que lhe copiaste?" "Nunca há qualquer dúvida de que as "orações" maçónicas são frequentemente baseadas em liturgias cristãs. Então porque é que a maçonaria nega que é uma religião, e porque é que a maçonaria remove assiduamente o nome de Cristo das suas orações copiadas dos cristãos?

As orações são parte integrante dos rituais maçónicos, então como pode a maçonaria negar que se trata de uma religião? Os pedreiros afirmam que as suas orações não contêm qualquer elemento de adoração. No entanto, o chefe da cerimónia chama-se "Worshipful Master"[6] e deixo-vos decidir se as orações maçónicas que citei não são actos de adoração? Ninguém, com a possível excepção de Alice no País das Maravilhas, pode acreditar que as orações maçónicas são distintas da "adoração". O que levanta outro ponto vital?

---

[6] Adorável Mestre, NDT.

Mesmo que a insistência dos maçons em tais distinções entre "oração", "adoração", e "não-religião" pudesse ser aceite, o que claramente não pode, a omissão deliberada do nome de Cristo e dos Evangelhos de Jesus Cristo dos quais derivam as suas "orações", bem como a omissão da crença cristã fundamental de que ninguém pode vir a Deus senão através do nosso Senhor Jesus Cristo, é uma afronta à religião cristã.

Eles negam a divindade de Cristo. Não há dúvidas quanto a isso. Como podem então os homens que afirmam ser cristãos ser também maçons? Cristo disse que "não se pode servir a dois senhores". Ao aceitarem o ritual maçónico, os maçons estão, de facto, também a negar a sua existência. Daí resulta que não se pode ser a Seu favor, enquanto se está contra Ele!

É absolutamente impossível para a Maçonaria negar que não é "nem uma religião nem um substituto para a religião". As provas em contrário são esmagadoras! Os defensores da Maçonaria também não podem fornecer provas de que ao excluir o nome de Cristo não o estão a rejeitar, pois isto não é uma mera exclusão deliberada, mas um insulto deliberado por omissão. Os apologistas maçónicos dizem-nos que "as nossas orações não são actos de culto mas apenas um pedido de bênção na abertura dos nossos rituais e um agradecimento no final pelas bênçãos recebidas". Em que é que isto difere do culto religioso?

O facto óbvio é que este não é o caso! Os rituais maçónicos invocam repetidamente o nome de Deus, muitas vezes em termos distintos, tais como Grande Arquitecto do Universo (como no Primeiro Grau); Grande Inquisidor (Segundo Grau); o Altíssimo, o Todo-Poderoso e o Deus Eterno (Terceiro Grau); o Ser Supremo. GAOL) (Grande

Arquitecto do Universo). Quem são estes deuses?

A maçonaria venera um Ser Supremo, ou como por vezes diz, apenas uma crença num Ser Supremo? Não haveria rituais maçónicos sem a implicação de um nome divino. O panfleto maçónico a que me referi acima, *Maçonaria da Religião* publicado pela Junta Maçónica para Fins Gerais, glosas sobre o Deus Maçónico ao afirmar:

> Os Maçons reúnem-se no respeito comum pelo Ser Supremo, pois ele permanece supremo para as suas respectivas religiões individuais e não é o papel da Maçonaria unir religiões.

Uma vez que o mundo ocidental é cristão, quer alguns gostem ou não, a maçonaria deve ter grandes problemas com um serviço inter-religioso neutro. Como cristãos, não podemos escapar à essência da nossa religião, nomeadamente que Cristo é preeminente como o Filho de Deus. A maçonaria afirma que não deseja "ofender" outras religiões. Como é que o faz se exclui o nome de Cristo? Exclui-o para não ofender a Maçonaria Judeu exclusivista de B'nai Brith (Sons of the Covenant)? Há centenas de anos que a maçonaria procura não "ofender" outras religiões, mas não hesita em ofender os cristãos, excluindo o nome de Cristo das suas orações rituais.

Os serviços "inter-religiosos" só podem ter êxito onde o cristianismo ocupa um lugar secundário. Segue-se, portanto, que os cristãos não podem ser maçons; ou devem aprovar a desvalorização do cristianismo, ou devem demitir-se da maçonaria. Antes dos maçons alcançarem as alturas elevadas dos graus superiores, muitos acreditam que ao rezar estão a rezar ao Deus da sua religião. Mas uma vez que tenham chegado à "loja fechada" da hierarquia maçónica, não há dúvida de que as suas orações são expressamente dirigidas a Satanás.

O cristianismo não tem segredos! Qualquer pessoa que saiba ler pode ler o evangelho alegre da boa nova da vinda do Messias. Porque é que os maçons consideram o segredo uma tal necessidade? O credo maçónico e os seus rituais de acompanhamento estão cheios de "palavras-passe secretas".

Porque deveria ser este o caso, a menos que seja um engano? Tantas vezes ouvimos "palavras compostas", "Eu sou e serei".

A Maçonaria diz que não é obrigada a apoiar o cristianismo. Então porque é que a Maçonaria pede emprestadas tantas das marcas do Cristianismo, se não o apoia? As cerimónias da Arca Santa, talvez mais do que qualquer outra cerimónia, usam "palavras sagradas". O ponto central das cerimónias da Arca Santa é o pedestal - o altar - no topo do qual aparecem as "palavras sagradas". É evidente que, apesar dos seus protestos em contrário, a Maçonaria é uma religião quando a declamação das palavras sagradas tem lugar. Aqui é indiscutível que a Maçonaria é uma religião em oposição ao Cristianismo.

Vejamos o Ritual do Arco Real, que é o culminar do que é conhecido como "Alvenaria Artesanal".

> Está intimamente envolvido com tudo o que nos é mais próximo e querido num futuro estado de existência; os assuntos divinos e humanos estão tão terrivelmente e minuciosamente entrelaçados em todas as suas disquisições. Tem pela sua finalidade a virtude, pelo seu objecto a glória de Deus, e o bem-estar eterno do homem é considerado em cada parte, ponto e letra dos seus

mistérios inefáveis. Basta dizer que se baseia no Nome Sagrado, J----h, que foi desde o início da história da humanidade, é agora e continuará a ser o mesmo para sempre, o Ser necessariamente existente em e por si só em toda a sua perfeição efectiva, original na sua essência.

Este grau supremo inspira os seus membros com as mais elevadas ideias de Deus, leva-os à mais pura e devota piedade, à veneração do incompreensível J----h, o eterno governante do universo, a fonte elementar e primordial de todos os seus princípios, a própria origem e fonte de todas as suas virtudes.

A palavra "mistério" "J----h" é Jabulon, um nome "sagrado". É uma palavra composta permutável com Jeová.

Não há dúvida que a Maçonaria é uma religião cuja função principal é constituir um contra-poder secreto da religião cristã, uma ordem revolucionária, capaz de controlar os acontecimentos políticos.

CAPÍTULO 21

A MAÇONARIA E A FAMÍLIA REAL BRITÂNICA

Para além do acima referido, descobrimos que a maçonaria tem os chamados graus cristãos, tais como a Cruz Vermelha de Constantino, a Rosacruz, que é muito importante nas lendas maçónicas.

Para obter a classificação de Rosacruz (da qual a Família Real Britânica é membro), é preciso ter sido membro dos dezassete graus do Antigo Rito Aceito da Maçonaria. O Duque de Connaught e o Duque de Kent são supostamente membros de ambas as ordens. O Duque de Connaught foi Mestre da Grande Loja de Inglaterra durante vinte anos. Outros membros da Família Real nesta Loja incluem Edward VII.

De acordo com uma carta escrita pelo Grande Secretário a 5 de Agosto de 1920, George I e George III, que era rei na época da Revolução Americana, ambos pertenciam à Grande Loja de Inglaterra. De acordo com a carta acima mencionada :

> ... Todos os que entram na Maçonaria são convidados, desde o início, a não aprovar qualquer acto que possa tender a subverter a paz e a boa ordem da sociedade.

Isto é surpreendente quando se considera que o Conde de

Shelburne, membro da Grande Loja, treinou Danton e Marat, antes de os libertar em França para semear o caos da Revolução Francesa. Ser membro da Grande Loja não salvou o Rei Eduardo VII, quando os seus companheiros Maçons decidiram livrar-se dele em vez de arriscarem não ir para a guerra com a Alemanha em 1939. Mais uma vez, notamos a forte alusão à religião. "Cada Loja Inglesa, na altura da sua consagração, é dedicada a Deus e ao Seu serviço; ninguém pode tornar-se maçon até que tenha declarado a sua fé no Ser Supremo", escreveu o Secretário Geral em 1905. A maçonaria voltou a entrar na ofensiva em 1938 devido à crescente preocupação com as suas actividades. Também aqui, a fé no Ser Supremo era primordial.

O Secretário-Geral declarou na sua declaração de 1938:

> A Bíblia está sempre aberta nas Lojas. Chama-se o Volume da Lei Sagrada. Cada candidato é obrigado a forjar a sua adesão a este livro, ou ao volume que é considerado pela sua crença particular para conferir santidade a um juramento ou promessa feita sobre o mesmo.

Isto implica que a Bíblia não é provavelmente o único "volume sagrado" em exposição. A Bíblia tem um propósito puramente decorativo e existe para membros dos graus inferiores (do primeiro ao quarto). Como todos os estudantes sérios de Alvenaria sabem, as sociedades secretas tornaram-se moda no século 17, da mesma forma que estava na moda ser socialista no final dos anos 20 e início dos anos 30. Até Abril de 1747, os Maçons ainda marchavam nas ruas da cidade, mas por ordem do Grão-Mestre, passaram à clandestinidade. Já em 1698, circulou um panfleto intitulado "To All Godly People in City of

London", exortando os leitores a não os deixarem estar:

... para que as suas cerimónias e juramentos secretos não se apoderem de si, e para que ninguém o afaste da piedade, pois esta seita diabólica reúne em segredo. De facto, os homens devem encontrar-se em lugares secretos e com sinais secretos, tendo o cuidado de que ninguém os observe para realizar a obra de Deus.

A que "segredos" se referia a brochura? Eram os mesmos de então como são agora, sinais, apertos de mão e palavras utilizadas para provar a adesão. Diz-se que estes sinais secretos vieram dos pedreiros medievais, que juraram nunca transmitir as suas habilidades a "forasteiros" e foram reconhecidos como colegas artesãos por certos apertos de mão, etc. Nada mudou. Embora seja improvável que os pedreiros façam hoje parte da Maçonaria, os seus apertos de mão continuam a ser o principal sinal de reconhecimento. Mas a Maçonaria de hoje é mais do que isso; é uma sociedade secreta muito sinistra em que os membros juram segredo por juramentos mortais do tipo mais assustador.

É evidente que nenhuma sociedade cristã imporia um código de silêncio ameaçando os seus membros com uma morte horrível se o código fosse quebrado. A maçonaria pode enganar os membros dos graus inferiores, fazendo-os acreditar que se baseia no cristianismo, mas em 1723 o Dr. James Anderson, um ministro maçónico presbiteriano, disse:

Foi, portanto, considerado mais conveniente obrigá-los (os membros da Irmandade) a aderir a essa religião que todos os homens aprovam, deixando as suas opiniões particulares para si próprios.

Em 1813, a Grande Loja declarou a sua posição da seguinte forma:

> Qualquer que seja a religião ou o modo de culto que um homem possa ter, ele não é excluído da ordem, desde que acredite no glorioso Arquitecto do Céu e da Terra e pratique o dever sagrado da moralidade.

Assim, foi estabelecida uma visão global das religiões, que está totalmente em guerra com o cristianismo.

Este conceito é anti-cristão porque pressupõe que todas as religiões podem ser resumidas num conceito global do Grande Arquitecto. Cristo condenou especificamente esta abordagem.

Pode portanto concluir-se que a Maçonaria não é compatível com o Cristianismo e que é de facto uma religião em desacordo com o Cristianismo.

Em 1816, tudo o que pudesse existir da religião cristã na Maçonaria foi removido, a fim de promover o conceito de um Deus universal que permitisse aos homens de todas as religiões participar nos rituais das pousadas. O Dr. James Anderson, o ministro presbiteriano que mencionei anteriormente, levou a cabo a "reestruturação" dos rituais da Maçonaria em Inglaterra:

> A crença no G (reat) A (rchitect) O (f) T (he) U (niverse) e na sua vontade revelada, será uma qualificação essencial para a adesão.

A Maçonaria afirma que nunca convida ou solicita homens a aderir. No folheto *Informação para a Orientação dos Membros,* que cada novo pedreiro recebe, é indicado (página 22):

> A questão da solicitação inadequada de candidatos tem sido levantada em muitas ocasiões e o Conselho acredita que uma declaração sobre esta matéria seria útil. Não há qualquer objecção (ênfase acrescentada) a uma abordagem de palavras neutras a um homem que é considerado um candidato adequado para a Maçonaria. Não há qualquer objecção a que ele seja chamado de volta, uma vez que a abordagem tenha sido feita (ênfase acrescentada).

Assim, não só os maçons solicitam novos membros, como, uma vez abordados, são "chamados de volta". A brochura continua:

> O potencial candidato deve então ser deixado a tomar a sua própria decisão sem mais solicitações.

Este conselho sobre a solicitação de novos membros foi originalmente adoptado pelo Conselho de Fins Gerais a 9 de Dezembro de 1981. Assim, quando um candidato à iniciação assina que aderiu por sua livre vontade, isto nem sempre é verdade. Uma vez iniciado, é possível que um maçon diligente se eleve de Aprendiz ao terceiro grau de "Mestre Maçon".

Estes homens são cuidadosamente monitorizados como possíveis candidatos aos segredos superiores, onde reside a verdadeira verdade sobre a maçonaria. Mas a grande maioria dos maçons nunca são "criados" para além do terceiro ou quarto grau. Os primeiros três graus representam certamente a maior parte dos membros da Maçonaria. Os chamados graus superiores são também conhecidos como os "graus extra", desde o Mestre Secreto ao Grande Inspector Geral, e em Inglaterra são controlados pelo seu próprio Conselho Supremo residente em Duke Street, St James London (esta é uma das muitas casas "Graça e Favor" propriedade da Rainha de Inglaterra).

A iniciação a estes graus está aberta a mestres pedreiros seleccionados pelo Conselho Supremo. Estes Mestres Maçons são normalmente "avistados" numa fase inicial pelo Mestre Secreto que assiste a várias reuniões da Loja "incógnito" para este fim. Apenas um número insignificante de maçons que dão o passo para além do terceiro grau conseguem atingir o grau intermédio 18, Cavaleiro do Pelicano e Águia, e Príncipe Soberano Rosa Cruz de Hereditariedade. medida que estes poucos vão mais longe, o número de desistências aumenta.

O grau 31 (Grande Inspector Comandante Inquisidor) é limitado a 400 membros. A este nível, o verdadeiro carácter da Maçonaria está exposto a dois terços. O 32 Grau de Príncipe Sublime do Segredo Real tem apenas 180 membros e o 33 Grau de Grande Inspector Geral, que é preeminente, está limitado a 75 membros. Estes números aplicam-se apenas à Grã-Bretanha, é claro. Quando um Maçoneiro atinge o grau 33, ele está pronto para cumprir qualquer dever que lhe possa ser ordenado.

Guerras e revoluções são apenas parte do jogo. Guerra contra Deus" e "guerra contra o cristianismo" são dois dos gritos favoritos dos 33 maçons de grau quando se encontram em segredo. Os 4 a 14 graus são conferidos de uma só vez e apenas em nome de um ritual especial realizado para esse fim.

Os diplomas 18, 19 e 29 são dados durante o sítio 30 de iniciação aos diplomas. Isto é para forçar os candidatos seleccionados a continuar a "progredir". O grau 30 é o do Grande Cavaleiro Eleito Kadosh ou Cavaleiro da Águia Preta e Branca.

Os três graus a partir de 31 são conferidos individualmente. A alvenaria deve garantir que um candidato está pronto para avançar para uma escala anteriormente desconhecida para ele!

CAPÍTULO 22

ALVENARIA INOFENSIVA

Nenhum pedreiro pode ir além do grau 18 sem o consentimento unânime do Conselho Supremo. O primeiro, segundo e terceiro graus podem ser chamados de "maçonaria inofensiva", pois excessos, tanto físicos como espirituais, conspirações contra governos, ódio a Cristo e ao cristianismo nunca são revelados aos maçons abaixo dos 25 graus. Não é surpreendente que os maçons de terceiro grau e o público em geral considerem este órgão mais secreto da nossa sociedade como uma mera sociedade filantrópica dedicada ao bem de toda a humanidade.

A maioria dos membros da Maçonaria não se preocupa em descobrir o que se passa nos chamados "graus superiores" do Rito Antigo e Aceito. Se e quando o fizerem ou forem capazes de o fazer, podem muito bem recuar no horror, especialmente os cristãos, e desistir da sua filiação na Maçonaria. Dois exemplos de homens que descobriram a verdade sobre a Maçonaria e a deixaram, e as suas ansiosas reacções ao que tinham estado envolvidos, podem ser encontrados em cartas que escreveram às suas respectivas igrejas após se terem exilado da Maçonaria. Naturalmente, as suas identidades não podem ser reveladas por medo de represálias:

> Durante muito tempo, como cristão, sempre defendi fortemente a maçonaria, pensando que podia conciliar as

suas filosofias e preceitos, supostamente baseados no ensino da moralidade e da caridade - com o cristianismo. Mas depois de ter sido elevado ao mais alto grau, vi quão cego eu tinha sido, e quão eficazmente o inimigo usa as suas armas de subtileza e racionalidade no processo de ofuscamento. Foi nos graus mais elevados que descobri os verdadeiros males e horrores da maçonaria.

O espírito de Deus abriu os meus olhos espirituais e permitiu-me ver o que eu estava a fazer. Estava em cativeiro do mal e não me apercebi disso. Foi a coisa mais difícil de não ser "profundamente perturbado por imagens sexuais obscenas" no seu sono e durante os seus tempos de oração. O seu subconsciente estava profundamente impregnado de sentimentos de desejo de sangue e assassinato da minha família e entes queridos.

O homem era uma pessoa estável, madura e bem equilibrada, sem antecedentes de distúrbios mentais ou aberrações sexuais de qualquer tipo (opinião médica especializada). Sentindo-se ameaçado, foi submetido a terapia durante a qual se tornou evidente que as imagens sexuais, sangue e facas estavam intimamente ligadas a símbolos da Maçonaria, estando o sangue e a faca com que foi tentado a matar membros da sua família ligados a juramentos da Maçonaria. Após tratamento intensivo e imposição de mãos por sacerdotes anglicanos qualificados e exortações em nome de Jesus, as imagens perturbadoras desapareceram assim que ele deixou a Maçonaria, e estas imagens e sentimentos nunca mais reapareceram.

Os juramentos da Maçonaria são cuidadosamente escondidos dos "forasteiros". Nos últimos anos, a Maçonaria tem tido ainda mais cuidado em manter bem escondidas as suas penas mortais por violar os juramentos. No primeiro grau, aplicam-se as seguintes regras:

Obrigação. Castigo físico omitido. Por outras palavras, não existem actualmente sanções escritas para castigos físicos. São agora confiados para execução aos graus superiores a partir de (18 Grau). Mas descobri pelo menos parte da ameaça escrita de "castigo físico" que é descrita como se segue:

> Meu irmão, pelo seu comportamento gentil e franco esta noite escapou simbolicamente a dois grandes perigos, mas havia um terceiro, que tradicionalmente o teria esperado até ao último período da sua existência. Os perigos a que escapou são os do S e do S. Havia também aquele ct com um N a correr à volta do seu N que teria feito qualquer tentativa de recuo fatal.

Há poucas dúvidas de que as palavras "com um N em fuga" significam a morte por enforcamento, como Roberto Calvi descobriu demasiado tarde. As frases são sempre descritas desta forma. Numa outra impressão, encontrei o seguinte:

> À pena simbólica outrora incluída na obrigação (agora bem escondida) neste Grau, se tivesse divulgado indevidamente os segredos que lhe foram confiados, o que implicava que, como homem de honra, um FCFM teria preferido ter o Iblo, o thtt e o gttrbs de ta ou d bts ou tap.

(Ninguém além do 33 Grau Mason conhece o significado destes símbolos). Só se pode imaginar as punições descritas nestas cartas. Um dos castigos mais assustadores que encontrei por quebrar os juramentos maçónicos foi este:

> Juro solenemente observar todos estes pontos, sem retractação, equívoco, ou reserva mental de qualquer tipo, sob pena não menos severa, em caso de violação de qualquer um deles, que será cortado em dois, que as suas entranhas serão reduzidas a cinzas, e que estas cinzas

sejam espalhadas sobre a face da terra, e levadas pelos quatro ventos cardeais do céu, para que nenhum vestígio ou lembrança de um ser tão vil possa ser encontrado entre os homens, especialmente entre os Mestres Maçons.

Quando um mestre venerável é criado e instalado, é avisado do castigo que certamente se seguirá se quebrar os seus juramentos e votos:

Cortar a mão direita e colocar no ombro esquerdo para murchar e apodrecer.

Na cerimónia de exaltação no Arco Real da Maçonaria, o iniciado é claramente avisado de que a pena associada à obrigação é "sofrer a perda de vidas ao ter a sua cabeça arrancada". Hoje em dia, tais declarações directas não aparecem. Em vez disso, as punições estão ligadas a símbolos e letras. Isto só aconteceu desde 1979, quando o Grão-Mestre declarou que já não era "apropriado" expressar punições na sua forma actual. A questão é que as punições não mudaram! O que mudou é que agora estão escondidos de pessoas de fora!

Milhares de livros, tanto a favor como contra, foram escritos para tentar responder a esta pergunta. Sendo um estudante sério da Maçonaria com trinta anos de extensa pesquisa sob o meu comando, a minha resposta é que a Maçonaria pode ser descrita nos seguintes termos:

❖ É certamente uma sociedade secreta fechada que, por razões desconhecidas, é autorizada a operar numa sociedade livre e aberta, como uma democracia cristã ocidental.

❖ A Maçonaria é muito claramente uma religião baseada em cultos antigos e no culto satânico. É anticristão e anticristão e há muito que se dedica à erradicação da fé cristã, embora este objectivo seja cuidadosamente escondido da maioria dos seus membros, especialmente dos que se encontram nos primeiros três graus.

❖ É revolucionário no seu carácter e objectivos. É bem conhecido que a Maçonaria foi responsável pelo menos pelas fases de planeamento da Revolução Francesa.

❖ A Maçonaria representa o derrube da ordem de coisas existente, e de todas as religiões excepto uma.

❖ A Maçonaria exige obediência absoluta aos seus juramentos.

❖ As penas por quebrar o juramento de segredo ou "trair" os segredos maçónicos são severas e podem incluir a morte por enforcamento em casos extremos. Outras punições físicas menos severas são frequentemente aplicadas àqueles que quebram o juramento.

❖ A Maçonaria, embora afirmando obedecer às leis do país em que opera, trabalha silenciosamente para alterar as leis que considera indesejáveis.

❖ Os maçons encontram-se nas mais altas sedes do poder nos governos de todos os países, bem como no sector privado, empresarial e comercial. Como tal, a Maçonaria é uma força incontrolada que exerce um imenso poder que pode, e mudou, o curso da história.

❖ A Maçonaria é uma sociedade moral, ética e filantrópica apenas até ao terceiro grau. A grande maioria dos maçons nunca vai além do terceiro grau e, portanto, desconhece a verdadeira natureza, objectivos e finalidades da Maçonaria.

❖ A Maçonaria é um governo que opera dentro de um governo oficialmente eleito, em detrimento deste último.

❖ O aspecto caritativo da Maçonaria é uma máscara e não tem qualquer credibilidade, fazendo fronteira com o engano. É uma máscara e uma cobertura para os verdadeiros objectivos da Maçonaria.

❖ A Maçonaria tem causado imensos danos à causa do Cristianismo e é responsável pela perda de milhões de vidas em guerras e revoluções desde que a Revolução Francesa eclodiu em França.

❖ O teste final é se é compatível com o cristianismo?

❖ Os cristãos também podem ser maçons?

Para ambas as perguntas, a resposta é um rotundo não! Recebi alegações de que Washington DC tem muitas estruturas maçónicas construídas como edifícios públicos ou governamentais, e que o seu plano tem a forma de um pentagrama. É difícil provar ou refutar algumas destas alegações, mas um edifício que parece encaixar na alegação maçónica é o Pentágono. O pentágono é um símbolo oculto. O edifício foi projectado por John Whiteside Parsons, um satanista confesso. O arquitecto foi George Bergstrom, mas não se sabe se ele tinha alguma ligação com a maçonaria.

Os verdadeiros segredos da maçonaria podem nunca ser revelados à humanidade e por isso é muito difícil para um autor escapar às críticas quando examina um assunto tão complexo como a maçonaria. Mas isso não significa que não se deva tentar.

Se alguma das minhas declarações estiver errada, peço desculpa, pois não estão escritas num espírito de incómodo cego, e espero que mais maçons qualificados do que eu os apontem, para que possam ser corrigidos.

Já publicado